CULTURA ORGANIZACIONAL E GESTÃO ESTRATÉGICA

gen
Grupo
Editorial
Nacional

FRANCISCO CONEJERO PEREZ
MARCOS COBRA

CULTURA ORGANIZACIONAL E GESTÃO ESTRATÉGICA

A Cultura como Recurso Estratégico

2ª Edição

Colaboração:

Neusa Maria Bastos Fernandes dos Santos
Ozires Silva

Apesar dos melhores esforços dos autores, do editor e dos revisores, é inevitável que surjam erros no texto. Assim, são bem-vindas as comunicações de usuários sobre correções ou sugestões referentes ao conteúdo ou ao nível pedagógico que auxiliem o aprimoramento de edições futuras. Os comentários dos leitores podem ser encaminhados à **Editora Atlas Ltda.** pelo e-mail editorialcsa@grupogen.com.br.

1. ed. 2014; 2. ed. 2017

Rua Conselheiro Nébias, 1384
Campos Elísios, São Paulo, SP – CEP 01203-904
Tels.: 21-3543-0770/11-5080-0770
editorialcsa@grupogen.com.br
www.grupogen.com.br

Designer de capa: Zenário A. de Oliveira
Editoração Eletrônica: Set-up Time Artes Gráficas

DADOS INTERNACIONAIS DE CATALOGAÇÃO NA PUBLICAÇÃO (CIP)
(CÂMARA BRASILEIRA DO LIVRO, SP, BRASIL)

Perez, Francisco Conejero
Cultura organizacional e gestão estratégica: a cultura como recurso estratégico / Francisco Conejero Perez, Marcos Cobra. – 2. ed. – São Paulo: Atlas, 2017.

Bibliografia.
ISBN 978-85-97-00947-7

1. Comportamento organizacional 2. Cultura organizacional 3. Empresas aéreas – Brasil – Administração 4. Estudo de casos 5. Planejamento estratégico I. Cobra, Marcos. II. Título.

14-10627
CDD: 387.7

Índice para catálogo sistemático:

1. Cultura organizacional : Gestão estratégica : Estudo de casos : Empresas aéreas 387.7

SUMÁRIO

SUMÁRIO

DEPOIMENTOS

"Cada vez mais presente na gestão das empresas, a cultura organizacional passou a ser objeto de pesquisas e até de estudos nos MBAs brasileiros, notadamente depois que acionistas e gestores perceberam o quanto ela pode impactar os resultados das suas organizações. Nesse cenário de crescente valorização do tema, a presente obra, produzida com brilhantismo pelo professor Dr. Marcos Cobra e pelo professor Dr. Comandante Francisco Conejero Perez, se distingue por propor uma discussão sobre cultura organizacional e sua influência como elemento estratégico de negócio com base em pesquisa inédita realizada em empresas aéreas brasileiras.

À fundamentação teórica, que discute a definição de cultura e o papel dos fundadores na cultura organizacional, dando como exemplo a história das empresas de aviação brasileira, que, em seu apogeu, serviram de inspiração para os gestores de diferentes segmentos, soma-se a apresentação dos resultados da pesquisa. Entre as conclusões desse estudo, que ouviu executivos, gestores e funcionários das companhias aéreas líderes de mercado, a de que as empresas veem na cultura organizacional um elemento importante para direcionar seus recursos estratégicos.

Em adição, esta segunda edição da obra traz dois capítulos inéditos. No primeiro deles, o grande empreendedor brasileiro Ozires Silva compara, por meio da narrativa de sua bem-sucedida trajetória profissional, as culturas das organizações por onde passou e fez história, principalmente Embraer e Petrobras. Uma verdadeira aula sobre como a cultura organizacional alinha-se ao planejamento estratégico e define os rumos das organizações. No capítulo final, a professora Dra. Neusa Maria Bastos F. dos Santos, *expert* no tema, dialoga com os resultados da pesquisa e aprofunda e compartilha com os leitores seu profundo conhecimento teórico sobre o assunto."

Professor Roberto Carvalho Cardoso, presidente do CRA.

"Nesta segunda edição do *Cultura organizacional*, ao excelente conteúdo da publicação original somam-se a análise sintética do legado máximo do Dr. Ozires Silva – a quem devoto a minha plena admiração e o respeito pela sua magnífica obra, que continua a ser desenvolvida a cada dia com o mesmo vigor e competência presentes desde a época da fase seminal da Embraer como a conhecemos hoje –, e o epílogo da Profa. Neusa Fernandes dos Santos, o qual descreve de forma clara e objetiva a importância da Cultura como fator determinante ao êxito das organizações.

Resultante de vasta pesquisa, o livro explora com propriedade o pilar fundamental de diferenciação entre as empresas participantes de um dos segmentos mais desafiadores da economia global – a aviação civil.

Em um setor caracterizado por alta tecnologia, intensa competição, rigorosos regimes regulatórios e alta complexidade operacional, a nenhum outro aspecto organizacional pode ser atribuído de forma isolada a razão para o sucesso de uma companhia aérea que não seja a sua Cultura, constituída de valores estruturantes e cultivada com dedicação executiva.

Seguramente, o estudo desta disciplina que se assemelha à arte se constitui em massa crítica fundamental para o desenvolvimento de gestores eficazes."

Paulo Sérgio Kakinoff, presidente da Gol Linhas Aéreas.

"O estudo realizado pelo Comandante Perez e pelo professor Marcos Cobra, consolidado nesta obra, contribui significativamente para disseminar a gestão da Cultura Organizacional como uma das principais ferramentas na condução dos negócios, influenciando o crescimento da organização como um todo. Esta 2ª edição, ao apresentar o importante legado de Ozires Silva para o desenvolvimento do setor aéreo e a contribuição teórica da professora Dra. Neusa Maria Bastos F. dos Santos, amplia o alcance desse estudo. A construção de uma Cultura Organizacional consistente é um desafio diário para as empresas. É por meio da cultura que são transmitidos valores, crenças, propósitos e, principalmente, o engajamento dos colaboradores com a empresa. A forma como isso acontece no dia a dia é o que difere uma organização de outra. Com certeza, este livro nos trará reflexões importantes dentro desta temática."

Claudia Sender, presidente da LATAM S/A.

PREFÁCIO À 2ª EDIÇÃO

Como nasceu a ideia do livro

Os desafios do conhecimento humano não têm fronteiras, sobretudo em um segmento como o das empresas aéreas brasileiras, em que existe a presença de várias culturas, fusões e aquisições. Ao assumir esse desafio, Francisco Perez realizou uma revisão bibliográfica, apoiada por uma pesquisa em profundidade com os principais gestores das maiores empresas do setor, e transformou essa união entre teoria e prática na sua referendada tese de doutorado no Uruguai na Universidad de la Empresa com o tema "A cultura organizacional de empresas de transporte aéreo brasileiras."

A pesquisa teve como base a busca do significado da cultura organizacional nas empresas aéreas e a adoção de estratégias empresariais. E esse foi o escopo da primeira edição que uniu orientando (Francisco Perez) e orientador (Marcos Cobra), transformando e adequando uma tese em um livro para proporcionar conhecimentos de cultura como estratégia indispensável para atingir metas e objetivos.

A 2ª edição foi em busca de exemplos de valor

O legado de um grande líder, a sua raiz, é um exemplo que deve ser levado em consideração e respeitado. Descrever a trajetória de Ozires Silva foi uma das missões desta segunda edição. Ele não apenas constituiu a terceira maior empresa de fabricação de aviões de grande porte, como contribuiu para que a Embraer adotasse um modelo de privatização de sucesso. Assim, tornou possível a realização de um sonho que se iniciou com Santos Dumont, o criador do avião, e se perpetuou numa empresa de sucesso em um mercado altamente competitivo com gigantes como a Boeing e a Airbus. E é descrevendo esse seu legado maravilhoso que Ozires Silva demonstra como essas empresas evoluíram ao processar estrategicamente o conceito de Cultura Organizacional.

A academia deve caminhar ao lado da prática

A grande contribuição da Professora Neusa Maria Bastos Fernandes dos Santos (PUC–SP), nesta 2ª edição, foi explicitar exemplos teóricos e construir ideias de valor.

Ao escrever o capítulo final do livro, ela alinhavou os conceitos fundamentais da pesquisa da cultura organizacional e da teoria com os exemplos do legado de Ozires Silva, na Embraer, Petrobras, Varig e Ministério do Desenvolvimento, mostrando com clareza de que maneira a cultura organizacional contribui para a execução de estratégias empresariais de sucesso.

Submetido à apreciação do Conselho Regional de Administração de São Paulo (CRA-SP), o livro, nesta 2ª edição, ganhou novas cores à luz dos comentários instigantes do seu presidente, Professor Roberto Carvalho Cardoso. Este comentário e as novas contribuições serviram de atualização da obra em sua missão de despertar empresários, executivos e acadêmicos para a importância da preservação e evolução da cultura organizacional em empresas de sucesso.

Os Autores

PREFÁCIO À 1ª EDIÇÃO

Numa primeira vista, não são, nem serão, muitas as pessoas que, tendo acesso a este livro, compreendam sua importância e como o seu conteúdo pode ajudar a vida de cada um, das empresas e do país como um todo. Sabemos que vivemos segundo sociedades que consagram regras e costumes que, de uma forma ou de outra, exercem influência no que pensamos e realizamos. Mas, em que pesem as influências, às quais estamos sujeitos, inclusive as da Natureza, quase não tomamos nosso tempo para pensar sobre a forma como somos organizados e como nos comportamos para melhor contribuir para que os nossos empreendimentos atinjam seus objetivos desejados de progresso, desenvolvimento econômico, financeiro e cultural! Em resumo, queremos chegar a alvos valiosos, mas na grande maioria das vezes não executamos o que seja necessário para chegar ao que tenha sido aspirado.

Concentrando-se em exemplos históricos, em 1984 a autora Bárbara W. Tuchman lançou no Brasil o seu livro *A marcha da insensatez*, abordando muito do que se tem acentuado, gerando realidades que afetam nossas vidas. Ela escreve em seu livro, e cita várias vezes, como são surpreendentes as quantidades de decisões insensatas que ordinariamente são tomadas pelos Governos, contra seus próprios interesses! São ações e mecanismos de execução, que se tornam autodestrutivos, resultantes de decisões tomadas sem considerar a existência, ou mesmo disponíveis, de alternativas viáveis, em geral não aplicadas e não reconhecidas. E, além disso, a autora assinala que tal processo se apresenta em ritmo crescente.

Seu livro é uma obra-prima na produção de uma listagem e chama a atenção sobre possíveis causas que fundamentam tais desatinos, em particular nos Governos, onde o decidido afeta um número bem mais amplo de alvos. Salienta a impotência dos apelos à razão, ante possíveis "cobiças, ambições e mesmo covardias morais", numa época que faz a marcha da insensatez se acelerar.

Comumente, essas observações levam as Organizações a serem normalmente influenciadas ideologicamente por pensamentos e crenças que já se provaram, no passado, no mínimo pouco úteis ou mesmo inúteis. Diagnósticos e teses sobre o assunto têm sido feitos e análises desenvolvidas, quase todas convergindo para a tese da autora norte-americana. Contudo, em que pesem essas constatações, poucos perguntam por que os desacertos não são corrigidos.

O livro, produzido pelo Prof. Marcos Cobra e Prof. Cmte. Francisco Perez, enfrenta o desafio de examinar e estudar o binômio, a Cultura Organizacional e a Gestão Estratégica. Logicamente, concluem que tudo depende do comportamento das empresas, das pessoas e de suas lideranças, que, independentemente da importância das soluções que são buscadas, em geral decidem com base em vontades ou em desejos daqueles que ocupam o poder, por vezes, distantes dos objetivos colocados. As análises e as variáveis que afetam os resultados não parecem ocupar a mente dos construtores das ações. Entretanto, os resultados, pobres ou insuficientes, que se colhem de decisões primárias e pouco estudadas são mais comuns do que se imagina na realidade mundial.

Em particular, focando no funcionamento e na operação das empresas exploradoras do transporte aéreo regular, oferecido para tentar satisfazer a crescente necessidade das comunidades, em relação a mobilidade de pessoas e coisas, os autores encontraram muitos exemplos de ações e decisões que podem oferecer bases de comparação com outras, dentre muitas, atuações das sociedades modernas. Infelizmente, como se destaca nos resultados das operações aéreas mundiais, é impressionante se constatar que a maioria das empresas operadoras no transporte aéreo, mesmo aquelas que usam os mais modernos e eficientes aviões da atualidade, não estejam gerando lucros e que, se gerados, não recuperam prejuízos do passado. Vale a colocação jocosa, nada encorajadora ou comum nos corredores da aviação mundial, de que a definição de um bilionário seria “a de um milionário que comprou uma empresa de Linhas Aéreas de Transporte”.

O assunto é, portanto, amplo, importante ou mesmo controverso. E, mais do que isso, fascinante, pois oferece inúmeras visões alternativas, mostrando decisões mais do que necessárias num mundo, hoje global e crescentemente competitivo. Os autores trazem à reflexão uma série de facetas que resultam de observações fecundas, que de algum modo e certamente mexerão com a cabeça dos leitores. É importante destacar muitos dos temas abordados e que se eles um dia nos afetarem, possam ser tratados sob a ótica do muito que se pode aprender das pesquisas e observações tratadas neste livro.

Aqueles que se preocupam com o futuro, cada vez mais importante da competição global na qual foram mergulhadas as atividades produtivas humanas, encontrarão no texto ideias e sugestões de como podemos influir para que ele seja melhor. E podem ter a certeza de que, estimulados pelas ideias colocadas, novos caminhos poderão se abrir para aqueles observadores criativos, inovadores e inquietos que mostrem a coragem necessária para influir no crescentemente difícil e competitivo cenário para a construção de novos e melhores caminhos que venham a surgir pela frente.

Ozires Silva

Julho de 2014

INTRODUÇÃO

Este livro tem como objetivo propor uma discussão sobre cultura organizacional com base em uma reflexão sobre pesquisas realizadas em empresas aéreas. Tradicionalmente, os debates sobre o tema cultura no âmbito da teoria das organizações apontam para referências teóricas nas áreas das ciências sociais que englobam antropologia e sociologia e também a teoria da filosofia sobre cultura. Os antropólogos construíram uma tradição de estudos e destacam a continuidade em detrimento da mudança, e a estrutura em detrimento da história. A filosofia define cultura como sendo o conjunto de manifestações humanas que contrastam com a natureza ou comportamento natural. Cultura é informação para o conhecimento, isto é, um conjunto de conhecimentos teóricos e práticos que se aprende e transmite aos contemporâneos e aos que virão. Neste sentido, foi realizada uma exploração sobre a cultura dentro de três empresas aéreas, seu significado, valor e tradição, e também procura-se conhecer através das pesquisas as relações e a permanência delas dentro de uma empresa, qual o seu significado, bem como o comportamento e a aceitação dentro de uma organização.

Por outro lado, buscou-se ter uma ideia de como os funcionários de uma empresa aérea entendem e aceitam a existência de cultura e subculturas organizacionais. Trata-se de um trabalho inédito, para identificação da presença da cultura organizacional e sua influência como elemento estratégico de negócio, pois quando os funcionários espelham-se em seu fundador e em seus líderes que trouxeram a empresa até um patamar de sucesso, sem dúvida esse é um grande recurso para operacionalizar uma estratégia. Nesta obra também é apresentada a influência da cultura na formulação da estratégia de uma empresa, e no comportamento e hábitos dos funcionários, que serão decisivos para ações de conquista de mercado.

São frequentes, nas empresas, referências a problemas e turbulências no entendimento da cultura, tanto para os novos funcionários (recém-admitidos), quanto para os antigos, principalmente em empresas de grande crescimento onde a cultura deve ser entendida pelos colaboradores em todos os níveis.

Esta obra se concentra no estudo e nas pesquisas relativas à cultura de uma organização de empresas de transporte aéreo, mas se aplica a todo tipo de empresa.

As pesquisas foram direcionadas para a essência da cultura, procurando estudar os sistemas de valores, crenças e significados, e ainda demonstrar o que a antropologia tem a oferecer ao entendimento das práticas e políticas administrativas e o porquê da ideia de estudar a cultura organizacional sob a ótica de temáticas atuais.

No Brasil, o tema cultura organizacional, em diversas empresas e nas empresas de transporte aéreo em especial, é ainda tratado de maneira bastante periférica.

Nas escolas de administração, os estudos de cultura de uma empresa procuram entender a cultura organizacional pelo lado da filosofia, antropologia e sociologia, dando algumas vezes ênfase a temas correlatos.

No Capítulo 4 é feita uma breve explanação sobre a história das empresas aéreas, como suporte para entendimento de como uma cultura é criada, mantida e disseminada, e paralelamente há o referencial teórico através de exemplos, formando com isso a "práxis" (prática-teoria-prática).

Existem alguns temas para reflexão acerca de questionamentos, tais como: O funcionário entende e reconhece a ideologia do fundador? Existem subculturas dentro de uma empresa? Existem líderes que disseminam a cultura da empresa? Os funcionários entendem a cultura da empresa? Existe mudança cultural? Formam-se feudos com diferentes entendimentos sobre cultura?

Portanto, o livro procura focar o entendimento de como os funcionários enquanto gestores podem ser capazes de operacionalizar estratégias com muito mais eficácia, reconhecendo os valores de uma gestão voltada aos ideais e valores e missão da empresa.

O conhecimento da cultura de uma empresa leva a identificar os valores nos quais se baseiam comportamentos e atitudes de todos os membros da organização, principalmente aqueles que estão relacionados com a história da empresa. Para chegar aos resultados desejados, é preciso analisar as práticas organizacionais e os elementos simbólicos visíveis, como o comportamento aparente das pessoas, as formas de comunicação, os rituais organizacionais, as recompensas, o significado do trabalho, as relações de poder, as relações com o ambiente.

A cultura é parte importante da ação estratégica. Para tanto, é importante identificá-la no ambiente da organização.

As ações estratégicas de sucesso se apoiam em conhecimentos diversos e específicos a cada tipo de negócio.

1

A SOCIEDADE, ORGANIZAÇÕES E ESTRATÉGIAS: AS ORIGENS DO SUCESSO

OZIRES SILVA

Oficial da Aeronáutica e Engenheiro formado pelo Instituto Tecnológico de Aeronáutica (ITA). Atualmente, é reitor da Unimonte, instituição particular de ensino superior localizada em Santos (SP). Destaca-se por sua contribuição no desenvolvimento da indústria aeronáutica brasileira. Liderou a equipe que projetou e construiu o avião Bandeirante, que deu origem ao processo que o levou a constituir o Grupo que, em 1970, promoveu a criação da Embraer, uma das maiores empresas aeroespaciais do mundo. Deu início à produção industrial de aviões no Brasil. Presidiu a Embraer desde sua fundação até 1986, quando aceitou o desafio de ser presidente da Petrobras, onde atuou até 1989. Em 1990, assumiu o Ministério da Infraestrutura e, em 1991, retornou à Embraer, desempenhando um papel importante na condução do processo de privatização da empresa, concluído em 1994. Também atuou como presidente da Varig por três anos (2000-2003). Faz parte de uma série de Conselhos e de Associações de Classe. Publicou quatro livros: *Nas asas da educação: a trajetória da Embraer*; *Cartas a um jovem empreendedor: realize seu sonho, Vale a pena*; *A decolagem de um grande sonho: a história da criação da Embraer* e *Etanol: a revolução verde e amarela*. Já no final de 2011, foi lançada sua biografia, intitulada *Um líder da inovação: biografia do criador da Embraer* e escrita por Décio Fischetti. Recebeu inúmeras homenagens e condecorações nacionais e internacionais.

A criação da Embraer

Há anos, aprendi com um velho e respeitado Professor que um sábio somente pode nascer numa sociedade sábia, pois, como sabemos, aceita-se que todas as pessoas são produtos e carregam cultura e costumes do seu meio, da sua cidade, dos seus amigos, ou de todos e de tudo que as cercam.

Podemos perguntar o que é uma sociedade sábia. No fundo, é uma sociedade organizada com estratégias definidas ou não, baseadas em suas vocações, permanentemente iniciadas ou mudadas por seus habitantes, sejam eles cultos e participantes da vida local, ou simples moradores! Isso não quer dizer que na sociedade sábia vamos encontrar tudo catalogado e disponível para consultas específicas. Cada um de nós é muito influenciado pela sociedade e, assim, se o local onde nascemos, crescemos e vivemos é uma localidade sábia, torna-se mais fácil desenvolvermos nossa cultura, criatividade e capacidade para contribuir para o desenvolvimento e o progresso do ambiente que nos deu origem.

É assim que vejo minhas origens e a vida que me trouxe ao seu quase final! Nasci no interior do Estado de São Paulo, Bauru, quando a cidade era possivelmente o maior centro aviatório civil do interior do Brasil. Lá é que esse atributo ligado à aviação despertou minha vocação para procurar me envolver com aviões. Se não fosse essa circunstância, jamais minha vida teria ocorrido da forma que aconteceu. A história é um pouco longa (e está contada no meu livro *A decolagem de um grande sonho*, publicado em sua 1ª edição em 1998).

Lá no Aeroclube da cidade havia uma boa concentração de entusiastas ligados à aviação, desde o aeromodelismo, algo de fabricação de aviões e, sobretudo, instrução e treinamento de voo, desde planadores até os aviões, embora estes fossem sempre os mais leves, como o velho Paulistinha, fabricado pela Companhia Aeronáutica Paulista (CAP). Tudo sujeito a ideias sensatas e dedicadas a um futuro de progresso, baseadas em competência, organização e estratégias.

Na década de 1940, Hendrich Kurt, um jovem alemão, fugia da Segunda Guerra Mundial. O sensível músico e talentoso artesão, que também era mecânico de alta precisão, detestava a guerra e, por um desses iluminados lapsos do destino, acabou se refugiando na nossa sossegada Bauru, orgulhosamente chamada de "A Capital da Terra Branca". Foi naquela época, em que pioneiros e entusiastas locais da aviação acabavam de inaugurar um Aeroclube na cidade. Lá chegando, Kurt ficou entusiasmado com o clima altamente convidativo para a prática do voo a vela, uma modalidade de lazer, e posteriormente de treinamento militar, originária de seu país, a Alemanha.

Kurt não se mostrava impaciente em levar aos jovens o quanto era fascinante o trabalho de criar, projetar e fabricar aviões, e mesmo convencê-los disso. Eu próprio fui uma de suas "vítimas" (no bom sentido) e a convivência com o Kurt e com meus colegas mudou minha vida, levando-me a descobrir que se poderia não somente pilotar aviões, mas também fabricá-los! Do mesmo modo, mais tarde minha vida foi mudada, depois que lutei para me tornar merecedor de uma bolsa de estudos da Força Aérea Brasileira (FAB) para me formar como Engenheiro Aeronáutico pelo ITA. Em resumo, entre outras, essas foram as diferenças que mais contribuíram para que eu pudesse viver a verdadeira saga que foi a criação e construção da Embraer de hoje! Novamente, um bom exemplo de visão de futuro, de organização gerencial e estratégias bem colocadas!

Sem dúvida, a educação faz toda a diferença e materializa as transformações nas pessoas, regiões e países. Todos entendemos que a educação é um atributo diferenciado de uma sociedade sábia! Kurt colocou nas nossas cabeças que o Brasil, um país continental, precisava de aviões, mas não deveria simplesmente importá-los de produtores internacionais. Poderia, sim, produzi-los aqui, gerando empregos, oportunidades para nossos conterrâneos, e contribuindo para o desenvolvimento econômico nacional.

Entre os jovens daquela época, eu e um grande amigo, Benedicto Cesar (Zico), um ano mais velho que eu, juntamo-nos para procurar caminhos para nossas vidas no futuro. Influenciados pelo clima criado e estimulado pelo Kurt, levou-nos a pensar em trabalhar numa fábrica de aviões! Ótimo, boa ideia, mas o que fazer? Vários professores no nosso Ginásio do Estado de Bauru sempre insistiam no valor da educação para produzir mudanças. Foi a época do término da II Guerra Mundial, em 1945, quando demos os primeiros passos para entender o que seria a competição num mundo cada vez mais competente. Buscamos pensar e planejar o que e como fazer para conquistar as graduações educacionais necessárias e, daquele início, vencermos no futuro! Reconhecíamos que a fabricação de aviões iria requerer muita competência técnica, organizacional, comercial e estratégica bem definidas.

No final de 1947, Zico e eu decidimos por uma carreira na FAB, pois aprendemos que esse poderia ser o primeiro passo de um caminho a percorrer do que tínhamos na cabeça. Ou seja, um ponto de partida para uma chegada identificada.

Fizemos o concurso nacional para nos matricular na Escola de Aeronáutica, do Rio de Janeiro, predecessora da atual Academia da Força Aérea de Pirassununga – SP. Se aprovados, seríamos Cadetes do Ar, e, em quatro anos de aprendizagem e treinamento, seríamos Oficiais Aviadores da FAB e Pilotos Militares. Após a luta por aprendizado e conhecimento, fomos aprovados e, com sucesso, ganhamos o acesso a uma carreira na Força Aérea, a partir de 1951.

Infelizmente, meu grande e inesquecível amigo Zico faleceu num acidente na FAB, em 1955. Foi um dos maiores choques da minha vida, que me marcou fortemente, e fez com que eu levasse a vida sempre a pensar no meu velho e querido amigo. Mas temos de seguir, e, mesmo recolhido às minhas reflexões e sentimentos, decidi fazer o possível para prosseguir sozinho e procurar vencer nos sonhos que nos ligavam. Nossas ligações pessoais eram muito fortes e me convenci que, de um modo ou outro, Zico, ou sua memória, permaneceria ao meu lado!

Anos se passaram com muito trabalho e esforço, mas sempre mantive o objetivo da graduação como Engenheiro Aeronáutico. Em 1950 a FAB conseguiu criar o ITA, em São José dos Campos – SP. Após muito esforço, qualifiquei-me para ganhar uma bolsa de estudos e, no final de 1962, graduei-me como Engenheiro Aeronáutico.

Foi uma enorme satisfação conscientizar-me de que, após tantos anos, estava com a graduação necessária. E a alegria cresceu bem mais quando recebi o convite do Diretor Geral do Centro Técnico de Aeronáutica, organização paralela ao ITA, para trabalhar no Departamento de Aeronaves do Instituto de Pesquisas e Desenvolvimento. Estava entrando numa nova sociedade sábia. Pensando nas minhas origens, vi-me voltando às conversas com o Zico e sentia que ele me orientava sobre o que fazer, uma vez que sentia estar no local correto. Assim, no início de 1963, munido da qualificação e das posições necessárias, lancei-me a trabalhar para os nossos sonhos, urdidos em Bauru: o de fabricar aviões!

Procurei aproveitar a oportunidade e, fazendo amigos, com colegas de trabalho, tentando convencê-los que juntos poderíamos criar uma pequena equipe. Compreendendo que, embora difíceis os caminhos, criamos a convicção de que valeria a pena tentar renovar as tentativas do passado para fabricar aviões nacionais, desde os feitos de Santos Dumont no início dos anos 1900. Passamos a analisar as falhas e dificuldades encontradas pelos pioneiros. Aliás, não foram poucas as iniciativas para a criação de bons aviões, de competentes engenheiros e técnicos nas suas lutas para conseguir implantar as subsequentes atividades de distribuir e vender seus produtos.

Uma ideia fixa levou-nos a nos concentrar na busca do tipo ou tipos de aviões que nos dessem uma chance de vencer no mercado competitivo mundial. Em 1963, quando iniciamos o trabalho, sempre perguntávamos por que a produção aeronáutica mundial tinha crescido tanto na França e nos Estados Unidos. E nós, distantes do impulso de Santos Dumont, parecíamos fora do contexto que poderia ser nosso, ou, pelo menos, contar com nossa participação!

Tivemos sorte! Pensando no que tínhamos a fazer, descobrimos uma conexão importante. No final dos anos 1950, foram criados os motores a reação que, rapidamente aplicados nos aviões de transporte, modificaram as linhas de produção, levando-as à fabricação de aeronaves mais caras, maiores e mais velozes. Entretanto, tais aviões sofriam de desvantagens, pois exigiam para sua operação a disponibilidade de aeroportos mais sofisticados, com pistas pavimentadas e mais longas!

A consequência disso, logicamente, foi levar as empresas de transporte aéreo a abandonar as cidades menores não dotadas de aeroportos adequados, pistas pavimentadas e mais longas e infraestrutura capaz de lidar com as novas máquinas. Isso determinou que, em todo o mundo, as comunidades menores deixassem de ter o transporte aéreo regular nos seus aeroportos locais. Isso nos levou a formular a pergunta-chave: "as cidades menores do futuro deixarão de contar, nos seus aeroportos, com os serviços de transporte aéreo?"

Entre nós, os da pequena equipe de jovens engenheiros do Centro Técnico de Aeronáutica (CTA), em São José dos Campos, em 1965, começou a crescer o pensamento de que tínhamos identificado um possível nicho não explorado ou identificado, em aberto, na demanda mundial por aviões de transporte. Foi então que começamos a imaginar que seria fundamental demonstrar o conceito da criação e produção de aviões menores em vez de grandes jatos, pois isso poderia responder corretamente aos requisitos operacionais do transporte aéreo, com segurança e eficiência, em aeroportos menores.

Começava-se a gerar as ideias de uma futura Companhia de Aviação de Transporte Regional, base para justificar o projeto e a construção de um protótipo de avião que demonstrasse a viabilidade do que estávamos imaginando. Havia os problemas da edição de novos regulamentos e normas para que tal produto pudesse um dia no futuro ser aprovado e certificado mundialmente. Assim, começou a luta para criar argumentos e vender a tese. E, muito importante, conseguir apoios para a construção de um protótipo de voo! E o CTA de São José dos Campos, criado pela FAB ao lado do ITA, preencheu esse espaço.

Quase quatro anos de intenso trabalho direto e indireto para vencer os naturais tropeços de uma nova ideia até chegarmos ao 22 de outubro de 1968, quando voou pela primeira vez o nosso Bandeirante, o real começo de tudo. O que não poderíamos prever era que essa iniciativa seria realmente o marco zero dos atuais Serviços de Transporte Aéreo Regional.

Assim, os desafios que tínhamos se concentravam na constituição de uma equipe suficientemente capaz de atingir nossos objetivos. As bases da organização necessária, com as estratégias corretas, tomavam muito de nossas discussões. Tivemos êxito! Professores do ITA juntaram-se a nós, no velho Departamento de Aeronaves do Instituto de Pesquisas e Desenvolvimento (IPD). O resultado daquele esforço inicial, somado a tudo que precisava ser feito, levaram-nos ao êxito, muitos anos depois, de chegar à Embraer de hoje. Poderíamos dizer: uma realidade maior que o sonho!

Olhar para trás somente pode nos levar a uma frase: VALEU A PENA!!!

A história contada mostra muito o que este livro pretende trazer para seus leitores, isto é, as vontades, os valores, a missão e tudo mais que possa caracterizar as práticas organizacionais e os comportamentos dos colaboradores, que contribuem para o êxito de um empreendimento.

A Embraer nasceu sob a égide de um sonho, ponto de partida para a criação de qualquer coisa. E baseada numa série de atributos como, podemos incluir, o da criação e desenvolvimento de aviões que pudessem conquistar uma posição no altamente competitivo mercado comercial das linhas aéreas mundiais. A empresa foi criada por pessoas que nela acreditavam, embora dentro das repartições governamentais, todas conhecidas no nosso país mais como entidades corporativas movidas pelos seus próprios interesses do que como órgãos para apoiar o público. Por quê? Simplesmente porque seus dirigentes se moveram por algo diferente. Devemos essa empresa de hoje às pessoas que se comportaram como gente comum, mas que, movidas por suas crenças, acreditavam que o nosso país poderia, um dia, materializar os sonhos do nosso grande pioneiro Santos Dumont: o de se tornar um grande produtor de aviões, necessários para assegurar a mobilidade de passageiros e cargas, contribuindo para o desenvolvimento econômico e social da nação!

As ações para chegar a tais alvos até podem ser colocadas num resumo, mas foram profundamente, e com entusiasmo, praticadas pelos seus dirigentes, a maioria funcionários públicos que, na realidade, se transformaram em funcionários "do" público! Longe de qualquer privilégio do corporativo que impregna as organizações governamentais de hoje, dedicavam-se a um alvo, a uma realização. Embora não o soubessem, estavam fazendo história!

Estudaram muito as chances que tinham de triunfar onde muitos no Brasil e no mundo tinham falhado. Afinal, foram precedidas por quase 60 anos de tentativas de valorosos pioneiros que sucederam o fantástico trabalho de Santos Dumont. E a despeito de tudo, seus esforços valeram muito para a vitória de hoje!

Por quê? Talvez por falta de alguns atributos que estiveram presentes, e ainda estão, nas operações da Embraer. Esses atributos, entre eles o entusiasmo e as crenças, são muito subjetivos, mas verdadeiros e sólidos nas cabeças do time de colaboradores que acreditam no sucesso como meta e como valor a ser cultivado.

Desde os longos momentos de construção e defesa dos ideais, sempre se pensou que o sucesso passava por:

- criar produtos e marcas originais, respondendo aos requisitos internacionais, fabricados por organizações eficientes e sob estratégias claras e objetivas;
- desenvolver tecnologias, ganhar as marcas e a propriedade intelectual dos produtos;
- conquistar uma cooperação internacional, pelo menos entre os seus fornecedores;
- investir continuamente em educação e treinamento da força de trabalho;
- trabalhar com afinco para organizar estruturas administrativas, leves e eficientes, jamais abandonando as estratégias estabelecidas, na missão e nos valores da entidade; e
- conquistar reputação mundialmente!

É curioso notar que, mesmo após a privatização da Embraer, em 1994, essas culturas organizacional e operativa foram e são mantidas, não obstante as provocações nacionais decorrentes de políticas populistas nada viáveis, que, na data da publicação deste livro, ainda prevalecem no nosso país.

Os desafios da Petrobras

Em 1986, após quase duas décadas na posição de presidente da Embraer, aceitei a incumbência de presidir a Petrobras, uma empresa constituída em 1953, também sob a forma de uma Sociedade

Econômica. A empresa, sob o Controle da União Federal, ainda hoje permanece sob a propriedade do Estado Brasileiro.

Como se pode imaginar, as duas culturas, a da Embraer e a da Petrobras eram, e são, muito diferentes. Não deixou de ser um choque para mim, vindo de uma empresa aberta à competição nacional e internacional, encontrar muito de corporativismo, criado possivelmente pelo monopólio inicial sobre a exploração, produção, refino e transporte do petróleo. Em 1997 tal regime foi amenizado, mas mantendo o poder governamental de autorizar empresas privadas, estabelecidas no Brasil, para operar em regime de concessão! Essas limitações legais eliminaram os parâmetros, sempre difíceis, de uma competição aberta e livre, por parte de terceiros.

Diferentemente da minha experiência como sócio fundador da Embraer, encontrei uma empresa muito voltada para si mesma e muito pouco para a população que lhe cabia servir, por aqueles privilégios monopolísticos concedidos pelo Estado Brasileiro. Em resumo, se a política tivesse sucesso, tal sucesso seria transferido ao país. Caso contrário, os ônus sobrecarregariam os governos das respectivas épocas!

Não cometeria a injustiça de afirmar que tal corporativismo era uma unanimidade dentro da Petrobras. Tive a oportunidade de conhecer e conviver com especialistas de primeiro nível, que nada perdiam para qualquer outro encontrado nas melhores empresas do mundo. Pude fazer amizades com um e outro lado. Mas, por vários motivos, jamais tomei a iniciativa de colocar os privilégios do monopólio e o custo dele para o país numa discussão direta com as equipes de trabalho, mesmo porque isso não era contestado ou requerido, quer pelo ambiente interno, quer pelo externo, a mídia e a população em geral!

A primeira descoberta significativa de petróleo no país ocorreu em 1939, no subúrbio de Lobato, em Salvador (BA), gerando uma onda de entusiasmo em relação ao potencial petrolífero brasileiro. Em 1946, o presidente Gaspar Dutra propôs o **Estatuto do Petróleo**, abrindo a possibilidade de participação privada estrangeira na exploração da estratégica *commodity*, por considerar que não havia no país nem verbas nem técnicos suficientes para uma nacionalização do setor.

Em 1951, o presidente Vargas tentou superar as divergências enviando ao Congresso um projeto de lei que propunha a criação da Petróleo Brasileiro S.A. (Petrobras), no formato de empresa de capital misto, com controle da União, permitindo o capital estrangeiro em 10% das ações.

O projeto não estabelecia o monopólio estatal. Curiosamente, quem encampou a defesa do monopólio foi o partido de linha liberal União Democrática Nacional (UDN). "As circunstâncias geraram esse paradoxo. Vargas era a favor do monopólio, mas não tinha as condições políticas de propor a ideia. A UDN viu no monopólio uma oportunidade de abraçar uma causa popular", afirmavam analistas da época!

A Lei nº 2.004, de 1953, sancionada por Vargas, criou a Petrobras, empresa de controle nacional, com participação majoritária da União, tendo como objetivo a exploração em caráter monopolista da indústria petrolífera do país.

As operações comerciais tiveram início em 10 de maio de 1954, com a transferência para a Petrobras, pelo Conselho Nacional de Petróleo, das refinarias de Mataripe, na Bahia, e de Cubatão, que estava sendo construída em São Paulo. A produção de apenas 2.000 barris por dia, então, atendia a somente a 1,7% do consumo nacional.

Os anos 1970 foram conturbados para a indústria petrolífera mundial e para a Petrobras em particular. O Produto Interno Bruto (PIB) do Brasil crescia a taxas superiores a 10% ao ano. O "milagre econômico brasileiro" tinha sede de petróleo, cujo consumo duplicou. Em 1973, contudo, os xeques árabes subiram substancialmente o preço da *commodity*, gerando o chamado "Choque do Petróleo".

No mesmo momento, as reservas da Petrobras em terra, na região do recôncavo baiano, estavam se esgotando, e a companhia vivia momentos de grandes incertezas em relação ao seu futuro.

Em 1974 a descoberta do Campo de Garoupa, na Bacia de Campos, no Rio, abriu novas perspectivas. A Petrobras, porém, dependia de tecnologia estrangeira para a exploração em águas marítimas, então limitada, no Brasil, aos 120 metros de lâmina d'água. Em 1979 ocorreu o segundo choque nos preços do petróleo, agora motivado pela revolução iraniana. Em 1981, as despesas anuais do Brasil, com a compra no exterior de petróleo e derivados, chegaram a US$ 10 bilhões. *"As crises do petróleo nos anos 1970 levaram o Brasil a buscar alternativas. Uma aposta foi o desenvolvimento do carro a álcool. Outra foi a intensificação da busca de petróleo offshore"*, lembram os especialistas!

Num primeiro momento, a Petrobras passou a assinar contratos de risco com petrolíferas estrangeiras para a pesquisa e exploração de novas jazidas, marcando a primeira flexibilização em seu monopólio. Ao mesmo tempo, a companhia passou a investir no desenvolvimento de tecnologias de robótica submarina, sensoriamento remoto e perfuração horizontal, que permitiriam a produção em águas ultraprofundas. No final dos anos 1980, a companhia tornou-se a primeira no mundo a produzir petróleo, vencendo profundidades de até 500 metros.

Confesso que foi com surpresa que, anos antes, recebi o convite do Presidente da República José Sarney para deixar a Embraer e assumir a Presidência da Petrobras. Sim, surpreendido, pois para mim era como sair da atmosfera (onde os aviões operam) para o subsolo. Certamente, o Presidente pretendia que iniciativas pioneiras, como aquelas introduzidas na Embraer, pudessem modificar a estratégia e a organização da nossa empresa de petróleo. Infelizmente, com aqueles propósitos do Presidente e os meus, não conseguimos vingar em todos eles.

Creio que ambos, o Presidente e eu, não demos a devida atenção ao fato reconhecido de que a Petrobras é uma empresa tida como de propriedade de todos os brasileiros, com ampla visibilidade de suas ações por toda a população. De um lado, este é o sonho de todas empresas, mas do outro, em razão da politização, cada nova ideia, para ser aplicada na Petrobras, ainda hoje, precisa vencer argumentos favoráveis e contrários, gerando embates ideológicos intensos, dentro e fora dos muros da companhia. Um ambiente, portanto, completamente diferente do da Embraer, que, apesar de sua posição atual de êxito, não empolga, nem gera a paixão semelhante à que predomina nos assuntos de petróleo, vistos e tratados pela cidadania nacional.

Em que pese o que acontecia nos cenários externos da Petrobras, em meados dos 1980, os investimentos em desenvolvimento tecnológico no país se intensificaram. Resultaram em recordes após recordes de produção em águas profundas, chegando recentemente à marca de 1.800 metros em 2000. Tudo ocorreu graças à larga participação de fornecedores externos, numa política seguida na Embraer, e aos esforços do Centro de Pesquisas da Petrobras direcionados ao desenvolvimento de tecnologias que permitiriam trabalhos para maiores profundidades, embora eu sempre tivesse chamado a atenção das equipes técnicas de geologia e de produção para que se preocupassem com os custos das pesquisas e, sobretudo, da produção, que sempre precisavam ser compatíveis com a competição crescente, decorrente da globalização da economia já então em curso.

Fiz algumas tentativas para amenizar os problemas de caráter político, como internacionalizar a empresa, transformá-la numa empresa energética e não somente voltada ao petróleo, ao seu refino e distribuição. Foram tentativas para abrir novas perspectivas para a busca de um convívio internacional, que tinha sido alcançado pela Embraer, antecipando a globalização da economia mundial, hoje generalizado e se expandindo com sucesso. Claramente, o nosso mercado interno de petróleo e todos os demais produtos tecnologicamente avançados estão absolutamente implantados, com produtos vindos de todo o mundo, mas nossa produção industrial, salvo algumas exceções, pratica somente a produção para o nosso grande mercado doméstico. Infelizmente, não acompanhamos o desenvolvimento tecnológico mundial, apenas usando os licenciamentos para reproduzir no país aquilo que é fabricado no mundo desenvolvido.

Os investimentos da Petrobras na busca de petróleo em águas profundas mudaram o panorama da pesquisa e da indústria brasileira. O Centro de Pesquisa da Companhia (CENPES), no Rio de Janeiro, é o maior da América Latina e conta com uma equipe técnica mais do que respeitável. Mantém convênio com 120 universidades e já superou a marca de 2.000 patentes internacionais solicitadas.

Antonio Müller, presidente da Associação Brasileira de Engenharia Industrial (ABEMI), afirma que a demanda da Petrobras tem exercido um papel destacado como indutora da engenharia brasileira. *"Temos 140 associados, 99% dos quais atendem a Petrobras"*, informa Müller.

A vocação da Petrobras para se posicionar como centro de disputas políticas se manteve ao longo de seus pouco mais de 60 anos de história. Em 1997, ao mesmo tempo em que a companhia superava a marca de um milhão de barris diários produzidos, o presidente Fernando Henrique Cardoso promulgou a Lei 9.478, que reafirmava o monopólio da União sobre os depósitos de petróleo e gás natural, mas abria o mercado para outras empresas competirem com a Petrobras. A medida trouxe para o Brasil alguns dos grandes *players* globais e também incentivou a criação de petrolíferas privadas nacionais, como a HRT, OGX e Queiroz Galvão Óleo & Gás.

Em 2007, com a descoberta de jazidas de óleo e gás em águas profundas e abaixo de uma espessa camada de sal, uma nova perspectiva se abriu para a indústria petrolífera do país. Na época, as reservas brasileiras de petróleo somavam 13 bilhões de barris. Com os campos do pré-sal (denominação geral da região oceânica da plataforma continental do Sudeste brasileiro), que ainda estão sendo avaliados, espera-se que esse número seja multiplicado.

Em 2010, o presidente Luiz Inácio Lula da Silva promulgou nova legislação, adotando o sistema de partilha na exploração do petróleo do pré-sal, confirmando a União como dona do resultado da produção e determinando que a Petrobras fosse a operadora única e com participação mínima de 30% nos consórcios formados para a exploração do petróleo. A medida gerou reação contrária de economistas e políticos liberais, que entendiam que a Petrobras não daria conta do esforço exigido. Muitos hoje alegam que realmente a empresa brasileira não conseguiu montar um plano financeiro que cobrissem as necessidades dos investimentos! Atualmente a Petrobras é a 7ª companhia de energia do mundo e mantém um plano de investimentos de US$ 236,7 bilhões para o período de 2013 a 2017, um dos maiores orçamentos entre as petrolíferas globais.

Infelizmente, o cenário político-econômico que predominou nos primeiros anos da década de 2010 colocou nuvens negativas espessas nas estratégias da nossa grande empresa petrolífera. Tudo o que aconteceu na época, na qual este livro está chegando ao público, sugere (mais do que isso, *exige*) mudanças na organização da empresa e nas suas estratégias, para melhor servir ao Brasil e seu povo. E mais, justificar o monopólio concedido para suas operações!

Nota-se na nossa sociedade embates e discussões que a nada levam, possivelmente pela extrema ausência de líderes no governo e no lado da cidadania civil que possam criar a confiança necessária que garanta avanços em novas frentes e teses. O petróleo continua sendo a fonte prioritária de fornecimento de energia para o mundo moderno. Por quanto tempo, não o sabemos. O que se sabe é que novas alternativas energéticas estão sendo propelidas por novas tecnologias descobertas e produzidas. O que importa é não perdermos o comando das oportunidades, e neste ponto é que se somam as preocupações dos estudiosos e dos visionários.

Algumas observações finais

As sociedades e organizações não são todas iguais e, assim, temos que tratá-las desigualmente. Os dois exemplos que procurei apresentar neste capítulo, embora os dois se refiram a sociedades de economia mista, cujo maior acionista é o mesmo, o Governo Federal do Brasil, são apresentados de forma diversa, confirmando a tese de que a diversidade ocorre no mundo empresarial da mesma forma que na natureza. Não há duas pessoas iguais, e mesmo numa mesma árvore não encontramos duas folhas iguais!

Cabe aos administradores estudar muito as organizações que dirigem, lembrando-se sempre de que, independentemente de tudo, seus recursos humanos são seus atributos mais importantes. Daí é que sai a colocação da unanimidade dos especialistas e estudiosos: "É preciso trabalhar com pessoas inteligentes, competentes e *motivadas*!"

Com estas observações, podemos compreender a importância da educação abrangente e de qualidade alcançando o maior número possível de pessoas de uma população. Neste aspecto, nosso país tem falhado, chegando o próprio Ministério da Educação a declarar que a maioria (cerca de 70%) da nossa população pode ser classificada e composta de "analfabetos funcionais", ou seja, mal pode ler, entender ou escrever.

Isso não é verdade nos países mais desenvolvidos, cujas organizações podem encontrar no "estoque" das suas populações os talentos que precisam. Esta é a razão pela qual muitas empresas investem em Centros de Treinamento ou de Aperfeiçoamento, pois entendem que, sem recursos humanos adequados, podem falhar em atender aos seus propósitos principais.

Todos esperamos compreender os intrincados mundos do gerenciamento das organizações e saber que a sociedade tem uma responsabilidade muito grande no sucesso dos empreendimentos, cujas estratégias dependem diretamente de conhecer bem o terreno em que trabalham. Para isso, a administração principal joga papéis bem definidos e de grande importância!

O sucesso das organizações, sejam elas públicas ou privadas, é o resultado de uma soma de muitas parcelas para construir o que se inscreveu na nossa bandeira: ORDEM E PROGRESSO. Isso leva as sociedades a buscar o desenvolvimento, com todos os reflexos desejados de tranquilidade, paz e previsibilidade para uma vida melhor a todos!

2

DEFININDO CULTURA

Muito se fala e muito se discute, mas, afinal, o que é cultura?

Cultura significa **cultivar**, e vem do latim *colere*. Trata-se do processo ou estado do desenvolvimento social de um grupo, povo ou nação, que resulta do aprimoramento de seus valores, instituições, desenvolvimento intelectual, criações, civilização, progresso, hábitos, gostos, modos de sobrevivência, símbolos, crenças materiais e normas de comportamento que regulam a ação humana individual e coletiva tal como se desenvolvem em uma sociedade ou grupo específico, e que se manifestam em praticamente todos os aspectos da vida.

A palavra *cultura* foi muito associada ao conceito de civilização no século XVIII, muitas vezes se confundia com noções de: desenvolvimento, educação, bons costumes, etiqueta e comportamentos de elite. Essa confusão entre cultura e civilização foi comum, sobretudo, na França e na Inglaterra dos séculos XVIII e XIX, onde cultura se referia a um ideal de elite. Ela possibilitou o surgimento da dicotomia (e, eventualmente, hierarquização) entre "cultura erudita" e "cultura popular", mais bem representada nos textos de Matthew Arnold (1961), sendo ainda fortemente presente no imaginário das sociedades ocidentais.

Do ponto de vista das ciências sociais (isto é, da sociologia e da antropologia), conforme a formulação de Tylor (2005), a cultura é um conjunto de ideias, comportamentos, símbolos e práticas sociais artificiais (isto é, não naturais ou biológicos) aprendidos de geração em geração por meio da vida em sociedade. Essa definição geral pode sofrer mudanças de acordo com a perspectiva teórica do sociólogo ou antropólogo em questão. De acordo com Ralph Linton (1967), "como termo geral, cultura significa a herança social e total da Humanidade; como termo específico, uma cultura significa determinada variante da herança social. Assim, cultura, como um todo, compõe-se de grande número de culturas, cada uma das quais é característica de um certo grupo de indivíduos". Enquanto a definição de Tylor é muito genérica, podendo causar confusão quando se propõe uma reflexão mais aprofundada do que é cultura, outras definições são mais restritivas. Os autores debatem se o termo se refere mais corretamente a ideias, comportamentos (KROEBER, 1999) ou simbolização de comportamento, incluindo a cultura material. Vale lembrar que, em algumas concepções de cultura, o comportamento é apenas biológico, sendo a cultura a forma como esses conjuntos de fatores biológicos se apresentam nas sociedades humanas. Em outras concepções (nas quais cultura é entendida como conjunto de ideias), cultura exclui os registros materiais dos homens como tais da classificação (ex.: um armário ou uma cadeira não seriam "cultura").

Para a filosofia, cultura é o conjunto de manifestações humanas que contrastam com a natureza ou comportamento natural. Por sua vez, em biologia uma cultura é uma criação especial de organismos para fins determinados (por exemplo: estudo de modos de vida bacterianos, estudos microecológicos etc.). No dia a dia das sociedades civilizadas (especialmente a sociedade ocidental) e no vulgar, cultura costuma ser associada à aquisição de conhecimentos e práticas de vida reconhecidos como os melhores, superiores, ou seja, erudição; este sentido normalmente se associa ao que pode ser também descrito como "alta cultura", e é empregado apenas no singular (não existem culturas, apenas uma cultura ideal, à qual os homens devem se enquadrar). Dentro do contexto da filosofia, a cultura é um conjunto de respostas para melhor satisfazer as necessidades e os desejos humanos. Cultura é informação para o conhecimento, isto é, um conjunto de conhecimentos teóricos e práticos que se aprende e transmite aos contemporâneos e aos que virão. A cultura é o resultado dos modos como os diversos grupos humanos foram resolvendo os seus problemas ao longo da história. Cultura é criação. O homem não só recebe a cultura dos seus antepassados, como também cria elementos que a renovam. A cultura é um fator de humanização. O homem só se torna homem porque vive no meio de um grupo cultural. A cultura é um sistema de símbolos compartilhados com que se interpreta a realidade e que conferem sentido à vida dos seres humanos.

A antropologia compreende cultura como a totalidade de padrões aprendidos e desenvolvidos pelo ser humano. Segundo a definição pioneira de Edward Burnett Tylor, sob a etnologia (ciência relativa especificamente do estudo da cultura), a cultura seria "o complexo que inclui conhecimento, crenças, arte, moral, leis, costumes e outras aptidões e hábitos adquiridos pelo homem como membro da sociedade". Portanto, corresponde, neste último sentido, às formas de organização de um povo, seus costumes e tradições transmitidas de geração para geração que, a partir de uma vivência e tradição comum, se apresentam como a identidade desse povo.

O uso de abstração é uma característica do que é cultura: os elementos culturais só existem na mente das pessoas, em seus símbolos tais como padrões artísticos e mitos. Entretanto, fala-se também em cultura material (por analogia a cultura simbólica) quando do estudo de produtos culturais concretos (obras de arte, escritos, ferramentas etc.). Essa forma de cultura (material) é preservada no tempo com mais facilidade, uma vez que a cultura simbólica é extremamente frágil.

A principal característica da cultura é o chamado mecanismo adaptativo: a capacidade de responder ao meio de acordo com a mudança de hábitos, mais rápida do que uma possível evolução biológica. O homem não precisou, por exemplo, desenvolver longa pelagem e grossas camadas de gordura sob a pele para viver em ambientes mais frios – ele simplesmente adaptou-se com o uso de roupas, do fogo e de habitações. A evolução cultural é mais rápida do que a biológica. No entanto, ao rejeitar a evolução biológica, o homem torna-se dependente da cultura, pois esta age em substituição a elementos que constituiriam o ser humano; a falta de um desses elementos (por exemplo, a supressão de um aspecto da cultura) causaria o mesmo efeito de uma amputação ou defeito físico, talvez ainda pior.

A cultura é dinâmica. Como mecanismo adaptativo e cumulativo, a cultura sofre mudanças. Traços se perdem, outros se adicionam, em velocidades distintas nas diferentes sociedades.

Duas formas básicas permitem a mudança cultural: a invenção ou introdução de novos conceitos e a difusão de conceitos a partir de outras culturas. Existe também a descoberta, que é uma mudança cultural originada pela revelação de algo desconhecido pela própria sociedade e que ela decide adotar. Aliás, como podemos observar, não existe uma mudança radical e sim evolução, soma e revelação do que um grupo aceita e da forma pela qual ele age.

A mudança, ou seja, a aceitação de certos fundamentos dentro da cultura, acarreta normalmente resistência. Visto que as faces da vida cultural estão ligadas entre si, uma mínima alteração em uma pode ocasionar efeitos em todas as outras. Modificações na maneira de produzir podem, por exemplo, interferir na escolha de membros para o governo ou grupo dominante na aplicação de leis. A resistência à mudança representa certa vantagem, no sentido de que somente modificações realmente viáveis, e que sejam por isso inevitáveis, podem ser adotadas, evitando o esforço da sociedade em adotar, e depois rejeitar, um conceito recente.

O ambiente exerce um papel fundamental sobre as mudanças, embora não único: os homens mudam sua maneira de encarar o mundo tanto por contingências ambientais quanto por transformações da consciência social.

A cultura é dinâmica. Como mecanismo adaptativo e cumulativo, a cultura sofre mudanças com a aquisição de conhecimentos e certas ideologias se perdem, como se adicionam, em passos mais ou menos velozes nas diferentes sociedades.

Dois sistemas básicos permitem a mudança cultural: a invenção ou apresentação de novos conceitos e a difusão de conceitos de outras culturas. Existe também a descoberta, que é uma mudança cultural proveniente da revelação de algo desconhecido pela própria sociedade e que ela decide adotar.

Antropologia cultural

Antropologia cultural é uma das quatro áreas da antropologia geral. Estuda o homem acerca da sua existência cultural, busca investigar as culturas humanas através do tempo; traça suas origens e desenvolvimento social, suas semelhanças e diferenças, bem como tentativas de reconstituir e compreender o homem historicamente e compreendê-lo nos dias atuais.

A criação dessa disciplina reflete em parte uma reação contra a noção antiga de oposição entre "cultura" e "natureza", segundo a qual alguns humanos vivem num "estado natural" (de pura natureza). Antropólogos argumentam que a cultura é "natureza humana" e que todas as pessoas têm a capacidade de classificar experiências, codificar classificações simbolicamente e transmitir tais abstrações. Uma vez que a cultura é aprendida, pessoas vivendo em diferentes lugares têm diferentes culturas.

O conceito de antropologia cultural implica os conceitos de:

- ciência social – propõe conhecer o homem enquanto elemento integrante de grupos organizados;
- ciência humana – volta-se especificamente para o homem como um todo: sua história, suas crenças, usos e costumes, filosofia, linguagem, características psicológicas, valores éticos etc.

A antropologia cultural muitas vezes é associada à sociologia, tendo alguns ramos, que são:

- arqueologia – estuda os traços das culturas das sociedades do passado, através de vestígios arqueológicos;
- etnografia – estuda as sociedades ágrafas; aquelas que não têm nenhuma forma de escrita;
- etnologia – estuda a análise comparativa entre as diversas culturas;
- linguística – estuda a diversidade de línguas como meio de comunicação e instrumento pensante.

Resumo

A cultura é um processo contínuo de desenvolvimento social de uma coletividade adquirido através da aprendizagem pela qual as competências, habilidades, conhecimentos, comportamento e valores são adquiridos ou modificados, como resultado do estudo, experiência, formação, raciocínio e observação.

Nesse sentido, a "escola passou a ser vista como um espaço de salvação", afirma Mario Sergio Cortella (2014). Como a escola não ensina tudo, o processo de aprendizagem em parte se transfere para empresas e famílias, diríamos. Segundo Cortella, cada vez mais a aprendizagem ocorre fora do espaço escolar. As reciclagens oferecidas em cursos de pós-graduação contemplam essa visão de que o conhecimento não para e é preciso ir atrás dele. A cultura é a base para a formação de competências em diversas funções empresariais e sociais.

As escolas, as famílias e agora também as empresas compõem o elo da aprendizagem.

Segundo Pierre Bourdieu (1998), a conquista do capital cultural permite a ascensão ao capital econômico e deste ao capital social. E é essa a grande busca das classes sociais mais baixas: ascender socialmente com base no capital cultural.

Ações estratégicas

Toda empresa adota uma postura frente aos desafios ambientais em conformidade com o processo cultural que a cerca, ou seja, com os recursos de que dispõe em função da sua cultura. Para aproveitar as oportunidades e fazer frente às ameaças, uma empresa precisa desenvolver uma *expertise* que permita minimizar os riscos e otimizar recursos. Isso implica em desenvolver conhecimentos, habilidades e atitudes, ou seja, competências.

A base da formação de competências é a cultura. Por essa razão, as empresas devem investir no desenvolvimento de culturas específicas e gerais. Talvez seja uma postura elitista, mas a cultura é a base de tudo.

A cultura geral e a cultura específica do tipo de negócio em que uma empresa atue precisam estar disseminadas entre funcionários, fornecedores e acionistas.

As ações estratégicas de sucesso se apoiam em conhecimentos diversos e específicos a cada tipo de negócio.

Por essa razão, nunca é demais se investir em programas de treinamento para que a cultura fique sedimentada na organização.

Desenvolver competências com base em cultura pode ser a chave do negócio.

3

CULTURA ORGANIZACIONAL

O termo *cultura organizacional* é originário da antropologia e foi introduzido na discussão acadêmica das organizações por Pettigrew (1979).

E de imediato despertou a atenção e o interesse de profissionais e estudiosos da área de negócios, que passaram a estimular a discussão no sentido de melhor entender a importância desse tema para as organizações. Segundo Pettigrew, a cultura organizacional consiste em "um sistema de significados pública e coletivamente aceitos para um dado grupo, em um certo período de tempo" (PETTIGREW, 1979, p. 574).

Ainda de acordo com Pettigrew (1979), os símbolos, a linguagem, a ideologia, as crenças, os ritos e os mitos constituem os elementos expressivos da cultura organizacional. No entanto, o autor enfatiza que os símbolos, isto é, os "objetos, atos, relacionamentos ou formas linguísticas que apresentam multiplicidade de significados e que evocam emoções e estimulam o indivíduo para ação" (PETTIGREW, 1979, p. 574) assumem papel de destaque entre as manifestações culturais, por serem referências por si só, enquanto os demais elementos nada mais são do que outras formas de simbolismo.

Segundo Alvesson (1993), a cultura compreende uma forma de pensar a realidade social que não tem correspondência direta com nenhum objeto empírico determinado. De modo específico, a cultura organizacional envolve, então, "as experiências, significados, valores e compreensões associados ao meio ambiente, que são aprendidos e compartilhados, e que se expressam, se reproduzem e são comunicados, pelo menos parcialmente, de forma simbólica" (ALVESSON, 1993, p. 3).

Para Schein (1992), um dos autores mais citados na literatura sobre cultura organizacional, o termo *cultura* deve ser reservado para as crenças e pressupostos básicos que são compartilhados pelos membros de uma organização, os quais operam inconscientemente e definem a visão que a organização tem de seu ambiente e de si própria. Nesse sentido (SCHEIN, 1992, p. 9), afirma que a cultura organizacional consiste em um conjunto de pressupostos básicos que o grupo criou, descobriu ou desenvolveu, aprendendo a lidar com seus problemas de adaptação externa e integração interna, os quais funcionam suficientemente bem, podendo, assim, ser ensinados aos novos membros como o modo correto de perceber, pensar e sentir em relação àqueles problemas.

De acordo com Schein (1992), portanto, a cultura manifesta-se através de três diferentes níveis, caracterizados, respectivamente, por *artefatos visíveis, valores* e *pressupostos básicos.*

O primeiro nível – ***artefatos visíveis*** – é constituído pelos aspectos visíveis da organização, tais como arquitetura, linguagem, tecnologia, maneira de vestir e documentos públicos. Trata-se de um nível em que os elementos culturais são de fácil observação, mas de difícil interpretação, uma vez que a lógica subjacente a esses artefatos em geral não é explicitada, o que dificulta sua compreensão.

No segundo nível encontram-se os ***valores***, ou seja, as justificativas ou racionalizações utilizadas para explicar e predizer os atos dos membros da organização. Essas manifestações da cultura são difíceis de serem observadas diretamente, o que torna necessária a realização de entrevistas em profundidade que permitam a inferência de tais elementos, a partir dos valores manifestos.

Os ***pressupostos básicos*** situam-se no último nível e constituem manifestações culturais invisíveis, inconscientes e difíceis de serem desvendadas, muito embora sejam os principais responsáveis pelo modo pelo qual os membros sentem, percebem e pensam a organização. O processo de introjeção desses pressupostos é longo e advém do enfrentamento de problemas e de sua solução adequada.

O conhecimento adquirido nessas situações é, então, aprendido pela organização como um todo, alcançando, após certo tempo, o inconsciente de seus membros, o que faz com que eles próprios não tenham clareza a respeito da sua posse.

No processo de formação dos padrões culturais, o fundador ou fundadores assumem papel de destaque, na medida em que imprimem à condução do negócio sua visão de mundo, seus valores e suas crenças nos papéis que a organização deve desempenhar, criando modelos e definindo cursos de ação com o objetivo de envolver os demais membros (TAVARES, 1991). Em outras palavras, os fundadores constituem peça-chave no desenvolvimento cultural de uma organização, porque a maioria dos mecanismos de socialização se encontram em suas mãos, materializando-se através das recompensas, das formas de distribuição dos investimentos e das estratégias de modelagem de papéis por meio dos quais eles transmitem, tanto explícita como implicitamente, as suas concepções e pressupostos da organização (SCHEIN, 1992).

O desenvolvimento da cultura organizacional associa-se, assim, ao processo de maturação de uma organização e pode ser dividido em três etapas: nascimento e crescimento, meia-idade e idade madura e declínio (SCHEIN, 1984). A etapa de nascimento e crescimento envolve um período inicial, em que os negócios se encontram sob o domínio do fundador ou da família, que demarcam competências e funcionam como fonte de identidade, mantendo a organização unida, integrada e comprometida com seus ideais. Em um segundo momento dessa etapa ocorre a sucessão, ocasião em que os sucessores são permanentemente observados (especialmente quando o fundador ainda participa da empresa), com o intuito de se verificar se eles preservarão ou não os valores culturais, já que o objetivo primordial continua a ser a manutenção da cultura identificada com os pressupostos do fundador, o que limita as possibilidades de mudanças culturais.

A fase de meia-idade corresponde ao desenvolvimento de novos produtos, expansão geográfica, aquisições e fusões por parte da organização, o que acarreta a criação de novas subculturas e o surgimento da oportunidade de se gerenciar a mudança cultural. Já na etapa da idade madura e declínio, a organização é caracterizada pela estabilização interna dos relacionamentos e pela falta de motivação de seus membros para a mudança, o que gera um impasse entre a necessidade de transformação e a própria destruição.

Na opção pela transformação, a mudança cultural torna-se importante e necessária e talvez mesmo inevitável, pois os elementos essenciais de uma organização precisam ser identificados e preservados.

Quando, por outro lado, uma organização percorre um caminho incerto, isso pode levar à sua destruição, ocasionando a falência e a substituição das pessoas-chave, o que irá implicar em uma reorganização que promoverá a mudança dos níveis básicos da cultura da empresa.

A cultura organizacional envolve padrões de comportamento das pessoas na empresa, sejam simples funcionários ou mesmo gestores. As crenças e valores que estão dentro das organizações e interagem com o afetivo das pessoas podem interferir no seu desempenho profissional.

Dentro de uma empresa existem regulamentos, tradições, lideranças, hierarquia, estratégias, missão, valores do seu fundador.

Por outro lado, o emocional dos funcionários e dirigentes, tais como o medo, a tensão, a motivação e as empatias dos grupos formais e informais, mexe com o cognitivo, que pode levar à criatividade (essência da inovação).

Segundo Peter Drucker (1999), "A meta é tornar produtivos as forças e o conhecimento específicos de cada pessoa na organização."

E para isso é preciso possuir bons líderes que estimulem os desempenhos afetivos e o cognitivo, o que pode levar a empresa a desenvolver conhecimentos que, se bem direcionados e cultivados por meio de treinamentos e trabalho em equipe, utilizem estratégias que ajudem a realizar os objetivos da organização e cumprir sua missão social e econômica.

Assim, pode-se afirmar que a cultura deverá surgir nas organizações ligada à sua estrutura, às suas estratégias e à sua missão. Porém, sem deixar de compreender os componentes da cultura: sua origem histórica, suas crenças, seus pressupostos, sua ética, suas regras, seus regulamentos, sua comunicação, seus rituais e cerimônias, sua tradição, ou ainda a prestação de serviços com a qual a organização está comprometida.

A cultura em uma organização, quando compreendida, define os limites, a racionalidade e a identidade, levando os seus funcionários a sentirem orgulho e satisfação no trabalho e com isso chegarem a ultrapassar as suas atribuições, pensando que os problemas da empresa são problemas de todos, e tudo o que estiver ao seu alcance dentro dos seus limites, eles farão com interesse e motivação.

A gestão das organizações é como um ser vivo, modifica-se com o tempo, já que também recebe influência do ambiente externo e interno, e a sociedade exerce influência dentro da empresa, como também recebe influência desta.

Embora a questão cultural seja um modismo dos dias atuais, não deve ser vista como mais uma moda. O conceito cultural abre caminho para uma discussão mais profunda e científica, que passa a ser o peso da dimensão simbólica nas organizações e nas várias formas de gestão (BARBOSA, 1996).

Fatores da cultura organizacional

Segundo Schein (1992), para entendermos os fatores é necessário levar em conta o quanto impactam no comportamento:

1. Valores: é o que as empresas entendem como importante, porém não observam tudo, mas alguns resistem ao tempo. Por exemplo: excelência no atendimento, padrão de qualidade, lançar novos produtos permanecem como tradição.
2. Crenças e símbolos: é o que a empresa acredita como verdade. Podem ser simbólicas, representadas pelo seu fundador ausente ou como crença, que nada mais é do que aquilo que está dando certo baseado em uma proposta, hipótese sobre o que é real e todos acreditam e conseguem sucesso.

3. Cerimônias, eventos comemorativos: tudo aquilo que é feito para integrar, motivar e entender a missão e objetivo da empresa. Com isso os funcionários sentem afinidade, conforto e confiança.
4. Heróis: pessoas que fazem ou fizeram parte da empresa e surgem como exemplos a serem seguidos. Sempre são citados heróis natos e reconhecidos, tais como: Comte, Rolim, Ermírio de Morais, Amador Bueno e muitos outros.
5. Regulamentos e ética: podem estar escritos ou não e representam a forma de agir. No caso a ética está ligada à moral coletiva.
6. Comunicação: existe a corporativa baseada em normas, regulamentos e existe ainda a comunicação geral que são os boatos, a famosa rádio peão, onde se propagam assuntos e novidades inventadas ou mesmo comentários dos bastidores.

"O Funcionário de uma empresa, qualquer que seja sua função ou posição na hierarquia, é alguém com memória, sentimentos e valores que vinculam a um contexto social mais amplo, do qual a empresa faz parte" (BARBOSA, 1996).

A **cultura organizacional** é, portanto, a cultura em seu sentido antropológico existente em uma organização composta por práticas, símbolos, hábitos, comportamentos, valores éticos e morais, além de princípios, crenças, políticas internas e externas, sistemas, jargão e clima organizacional. A cultura influencia todos os membros dessa organização com diretrizes e premissas para guiar seus comportamentos e mentalidades.

Cultura pode ser definida como um modelo de suposições básicas que os grupos inventam, descobrem ou desenvolvem com a experiência para enfrentar seus problemas.

Preceitos

A cultura organizacional tem grande influência no andamento das empresas no mercado, pois afeta tanto o seu interior e a sua formação quanto o relacionamento com as demais organizações, afetando as suas ações de vendas e de compras. Isso porque todos os costumes e tradições que as empresas possuem alteram o seu movimento, podendo se constituir em pontos positivos ou negativos, que se modificam com o tempo.

A cultura organizacional envolve artefatos (padrões de comportamento), valores compartilhados (crenças) e pressupostos (valores, verdades). Também pode conter componentes visíveis, que são sempre orientados pelos aspectos organizacionais, ou componentes ocultos, que são sempre orientados pela emoção e situações afetivas.

- Preceitos (implícitos ou explícitos).

  Normas, regulamentos, costumes, tradições, símbolos, estilos de gerência, tipos de liderança, políticas administrativas, estrutura hierárquica, padrões de desempenho.
- Tecnologia (instrumentos e processos utilizados).

  Máquinas, equipamentos, *layout*, distribuição e métodos de trabalho.
- Caráter (manifestação dos indivíduos), como o indivíduo se comporta diante da sociedade.
- Participação, criatividade, grupos informais, medo, tensão, apatia, agressividade, comodismo.

Essa mesma cultura pode aparecer nas organizações de duas formas distintas. Como um subsistema que se liga à estrutura, à estratégia, sistemas políticos e técnicos, ou ainda como uma superestrutura que determina todos os demais componentes. Alguns dos componentes da cultura são de origem histórica, do ambiente e território em que ela se situa, de crenças e pressupostos (mitos, ideologias etc.), de regras, nomes e regulamentos, do processo de comunicação (linguagem), de ritos, rituais e cerimônias, de heróis e tabus, ou ainda de produtos e serviços com que está envolvida.

Existem diversas funções que a cultura pode exercer dentro de uma organização: ela define os limites, a coerência nos atos dos empregados; dá aos funcionários uma sensação de identidade, de pertencer a algo grande, amplo e sério, trazendo motivação e ainda fazendo-os se comprometer com interesses coletivos; reduz a ambiguidade, determinando exatamente como os trabalhos devem ser executados. Algumas vezes ela funciona até mesmo como um vínculo entre os funcionários e a empresa, ajudando a permanecerem unidos através de normas do que se deve fazer e dizer. A cultura organizacional dá a identidade da organização face às outras organizações.

A cultura organizacional, assim como a gestão das organizações, é dinâmica e modifica-se com o tempo, já que também sofre influência do ambiente externo e de mudanças na sociedade. Entretanto, a cultura de uma instituição também pode influenciar essa mesma sociedade.

A formação da cultura organizacional reúne elementos como parâmetros a serem comparados com todos os demais componentes da cultura: administração, filosofia e valores, além do capital humano. Cada indivíduo tem uma forma de pensar, princípios e crenças diferentes. A junção dessas pessoas dentro de uma mesma organização leva a uma condensação de todos esses pensamentos diferentes, formando uma só cultura para todos se guiarem. A cultura dominante tem uma visão macro da organização e trata apenas dos valores centrais. Na formação da cultura há também uma forte influência dos fundadores da instituição, que estabeleceram diretrizes culturais e que são vistos com respeito ou até adorados por grande parte dos colaboradores.

Além dessa cultura principal, existem também as subculturas, que podem estar ou não relacionadas entre si, ou que podem até concorrer umas com as outras. Elas podem ser geográficas, departamentais ou situacionais. Os valores centrais da cultura dominante estão presentes nessas subculturas, porém são incluídos valores adicionais e particulares de alguns grupos, equipes ou departamentos.

A contracultura também existe nas organizações. Trata-se de um movimento reacionário, por parte de um grupo que quer reagir contra os valores tradicionais com os quais está insatisfeito e vive em busca de mudanças e inovações na cultura atual.

Cultura familiar

Utilizando uma metáfora da palavra *família*, diz-se da cultura familiar aquela que é mantida com relações próprias e pessoais, sendo também hierárquica, onde a autoridade do "pai" de uma família é muito maior que a de um "filho". É uma cultura voltada ao poder, um tipo de poder exercido com maior intimidade; no entanto, é benigno, sendo o "pai" o líder, aquele que sabe mais e o que dita o que seus subordinados devem fazer.

O líder desse tipo de cultura cria o padrão, define o tom, serve de modelo para a postura apropriada e espera que seus subordinados estejam sintonizados. Os membros dessa cultura podem sentir-se pressionados moral e socialmente, pelo receio da perda da afeição e do lugar na família.

O contexto costuma ser complexo, muitas vezes sendo difícil alguém de fora se sentir pertencente à cultura ou saber se comportar adequadamente diante de conversas internas existentes, histórias familiares, tradições e costumes.

As relações tendem a ser difusas. O líder influencia todas as situações, independentemente de ter conhecimento do problema ou não. A felicidade e o bem-estar geral de todos os empregados são considerados atribuições da empresa familiar, que se preocupa com o fato de todos terem salários suficientes para que vivam bem.

O poder é político no sentido de ser exercido por autoridades, não significando que quem está no poder seja o mais qualificado e capaz de fazer o trabalho. Essa autoridade não pode ser desafiada, e o mais importante é fazer com que a alta hierarquia note, compreenda e aja frente a uma determinada situação.

Uma vantagem nessa cultura é o fato de que, como as pessoas já possuem uma relação familiar, tendem a manter uma boa relação de trabalho, assim proporcionando melhor qualidade no serviço prestado. As famílias tendem a ser fortes onde o universalismo é fraco.

Os membros da família apreciam suas relações, sendo mais motivados pelo louvor e apreciação do que pelo dinheiro. O modelo familiar dá baixa prioridade à eficiência, porém dá alta prioridade à eficácia.

Podem-se citar como características comuns das empresas familiares a falta de planejamento financeiro e controle de custos, a resistência à modernização do marketing ou implementação de novas tecnologias. O comando e o sistema de decisão costumam ser únicos e centralizados, permitindo reações rápidas em situação de emergência. Existe um alto grau de lealdade e dedicação da parte dos funcionários, sendo elas geralmente recompensadas, visto que em uma empresa familiar existe preocupação maior com o indivíduo em comparação às empresas de maior porte.

As dimensões da cultura organizacional

Tendo em vista que os valores organizacionais são crenças e princípios hierarquicamente organizados, compartilhados e percebidos pelos empregados como característicos da organização e que a cultura é composta por valores, percebeu-se a relação entre ambos levando à elaboração desta pesquisa. A cultura organizacional pode ser definida por duas dimensões bipolares que originam quatro perfis culturais: Clã, Adhocracia, Mercado e Hierarquia. Os valores organizacionais, que são Realização, Conformidade, Domínio, Bem-estar dos Empregados, Tradição, Prestígio, Autonomia, Preocupação com a Coletividade, por sua vez, também podem ser organizados por meio de duas dimensões opostas: Autopromoção *versus* Autotranscendência e Abertura à mudança *versus* Conservação.

A cultura organizacional é um tema recorrente na literatura e de interesse tanto no ambiente acadêmico quanto no empresarial.

Partindo-se do pressuposto de que ela seja gerenciável, o seu entendimento é um elemento fundamental na gestão, considerando-se as constantes mudanças do ambiente organizacional e a necessidade de adaptação interna e integração externa das organizações.

Sendo assim, torna-se importante entender os elementos que compõem a cultura organizacional para permitir, segundo Schein (1992), a aprendizagem, transmissão e mudança da própria cultura.

Há pesquisas que procuram estabelecer perfis culturais das organizações como forma de classificar e entender as características da cultura das organizações, tais como a de Cameron e Quinn (1999), que acreditam nesse tipo de abordagem como forma de propiciar efetivamente a mudança cultural, propondo a utilização de instrumentos para o diagnóstico, interpretação e implementação dos processos de mudança.

Segundo Schein (1984), a cultura, além dos artefatos que são mais visíveis, é composta de valores declarados e também de pressupostos básicos, não questionáveis, que agem em nível inconsciente e são os verdadeiros direcionadores das ações.

Os valores organizacionais, para Tamayo e Gondim (1996), podem ser definidos como princípios ou crenças, organizados hierarquicamente, relativos a tipos de estrutura ou a modelos de comportamento desejáveis que orientam a vida da empresa e estão a serviço de interesses individuais, coletivos ou mistos. Os autores afirmam que a importância de se avaliarem os valores organizacionais reside no fato de serem componentes importantes da cultura organizacional.

Embora existam muitos estudos sobre cultura organizacional e, mais recentemente, sobre valores organizacionais, não são encontrados artigos e pesquisas que estabeleçam ou busquem estabelecer de forma científica a relação entre cultura organizacional e valores organizacionais, entendimento este que seria útil ao aprofundamento dos estudos da cultura organizacional e da gestão baseada em valores.

Cultura organizacional do grupo social

A cultura está vinculada à existência de um grupo social que compartilha uma mesma língua, espaço (área geográfica), durante certo período de tempo, criando formas de perceber, pensar e decidir que tenham dado certo a ponto de serem institucionalizadas em procedimentos, padrões, costumes, *scripts* e pressupostos não declarados que guiam os comportamentos das pessoas que dele fazem parte (TRIANDIS, 1995).

As organizações, por sua vez, não deixam de ser pessoas que se organizam, constituindo uma unidade social, para realizarem algo (produtos e/ou serviços) que não poderiam fazer sozinhas, compartilhando tempo e espaço comuns, criando processos de convivência mútua para atingirem seus objetivos, construindo também culturas. Há três principais perspectivas pelas quais se pode entender a cultura organizacional (MARTIN, 1992): de integração, de diferenciação e de fragmentação.

A perspectiva integrativa foi a primeira a ser adotada quando o tema cultura organizacional passou a despertar a atenção dos pesquisadores a partir da década de 1970. Havia, na época, a defesa da construção de uma cultura organizacional forte, no sentido de unitária, como se fosse um bloco compacto de manifestações culturais, que geravam consenso em toda a organização "especialmente em torno de um conjunto de valores compartilhados" (MARTIN, 1992, p. 224).

Na concepção dos que adotam o enfoque de integração, a cultura organizacional é entendida como propriedade de uma unidade social estável e coesa, formada por pessoas que compartilham uma visão de mundo em função de terem vivenciado e encontrado soluções em conjunto para os problemas de integração interna e adaptação externa, e que tenham admitido novos membros para os quais transmitiram sua forma de pensar (SCHEIN, 1992). A visão integrativa utiliza a metáfora da cultura como sendo a "cola" que une e mantém juntos os membros da organização, tal como é apreendida na abordagem de Cameron e Quinn (1999). A cultura é algo que a organização possui, como um recurso passível de ser gerenciado e, portanto, modificado. Isso vai ocorrer no momento em que se perceber que as soluções conhecidas não funcionam mais para resolver os problemas (os resultados não estão sendo alcançados), levando a uma necessidade de adaptação às novas demandas do ambiente interno ou externo (SCHEIN, 1992).

Na segunda perspectiva, de diferenciação, a ideia central está em considerar a cultura no plural: existem culturas assim como há padrões de interpretação diferenciados, já que os membros de uma organização são diferentes entre si em suas percepções, memórias, experiências, crenças e valores. Há, nas empresas, grupos com diferentes interesses e objetivos, existindo consenso apenas em cada subcultura (MARTIN, 1992). A organização é entendida, nesse caso, como um conjunto de subculturas sobrepostas que se abrigam dentro de limites permeáveis.

Já no último enfoque, a organização é considerada uma arena de interesses e jogos de poder, onde não é possível uma coesão interna, mas apenas conflitos e ambiguidades. As relações entre as manifestações da cultura são complexas, contendo muitos elementos de contradição e confusão, não sendo possível o consenso defendido pela perspectiva integrativa. A mudança, por sua vez, não ocorre em eventos pontuais de quebra da estabilidade, mas sim de forma contínua.

A cultura organizacional pode ser vista de forma integrativa, não significando a assunção de uma cultura única e coesa. Schein (1992), um dos autores mais referenciados em estudos de cultura organizacional segundo esta perspectiva, atenta para a questão das subculturas, abordada na perspectiva de diferenciação. Esse autor percebe a cultura organizacional como uma consequência natural, própria do ciclo de vida das organizações.

Em empresas novas, onde os fundadores ainda atuam e seus valores são ainda muito presentes, funcionando como uma verdadeira ferramenta de trabalho no cotidiano para fazer as coisas acontecer, não há espaço para lutas de poder, uma vez que a organização ainda se encontra em busca de identidade. À medida que a empresa passa a ser administrada por gerações posteriores ou se encontra totalmente profissionalizada, em uma fase madura, podem aparecer subculturas (por critérios de identidade funcional, geográfica, formação acadêmica ou outros) e rupturas, havendo necessidade de as lideranças decidirem o que preservar e/ou mudar de forma a continuar garantindo a sobrevivência da organização. Caso essas rupturas levem à desestabilização da cultura mediante a competição entre diversas subculturas que surgiram ao longo do tempo, há um problema cultural mais grave, proveniente de problemas de integração interna principalmente (jogos de poder). A fragmentação, para Schein, no entanto, indicaria a não existência de uma cultura organizacional e, portanto, surge um comprometimento da organização como um todo.

Cameron e Quinn (1999), por sua vez, apesar de reconhecerem na cultura elementos de diferenciação e fragmentação, consideram que a força da cultura organizacional está na habilidade de fazer com que as pessoas continuem juntas, de forma a superar a fragmentação e a ambiguidade características do ambiente externo, conduzindo a empresa na direção do sucesso. A cultura organizacional é tratada por esses autores como uma possível vantagem competitiva das organizações na medida em que representa um conjunto de percepções, memórias, valores, atitudes e definições geradas por consenso e, portanto, comuns, além de integradas. Entendem a cultura como sendo algo gerenciável e, portanto, passível de mudança.

Para a compreensão da mudança cultural é útil lembrar dos três elementos que, segundo Schein (1992), compõem diferentes níveis da cultura organizacional: *os artefatos visíveis, os valores e os pressupostos básicos.*

O primeiro nível compreende tudo aquilo que é manifestado pelas pessoas e encontra-se visível no ambiente organizacional: são os *artefatos visíveis*, tais como tecnologia, arte e todos os padrões de comportamento (modo de vestir-se, vocabulário, horários, políticas, símbolos, rituais etc.).

Já *os valores e os pressupostos básicos* são menos visíveis. Os *valores* representariam as crenças esposadas, presentes nos discursos oficiais dos membros da organização, na comunicação institucional, enquanto os *pressupostos ou premissas básicas* encontram-se tão internalizados que atuam, direcionando, de forma imperceptível (inconsciente), o comportamento das pessoas.

São os *pressupostos básicos* que explicam o comportamento real dos membros de uma organização e de suas diversas divisões, departamentos, subgrupos internos e que constituem as subculturas.

Um valor torna-se pressuposto básico somente quando é validado socialmente pelos membros do grupo ao perceberem que sua utilização serve para obter de modo consistente, em diversas situações, resultados positivos. Aquilo que é internalizado passa a atuar automaticamente, regendo o comportamento, explicando a aceitação/não aceitação de determinadas medidas, de certas soluções ou comportamentos. Por outro lado, muitos valores, entendidos também como racionalizações ou aspirações para o futuro, nunca se tornarão pressupostos básicos porque não serão percebidos como fontes de resultados satisfatórios nem repetidos, sendo considerados apenas como valores esposados (declarados) (SCHEIN, 1992).

Somente os pressupostos básicos (cujas categorias adotadas por Schein originaram-se nos estudos da antropologia de Kluckhohn e Strodtbeck), que se tornam compartilhados de forma inconsciente, formam um padrão coerente e explicativo dos comportamentos dos membros da organização, denominado paradigma cultural (SCHEIN, 1992).

Os valores, portanto, em diferentes níveis de profundidade, são considerados como elementos-chave da cultura organizacional e é sobre eles que se pode atuar em processos de mudança cultural.

Perfis culturais

Cameron e Quinn (1999) desenvolveram uma estrutura teórica visando ao diagnóstico e à mudança da cultura organizacional, cuja base se encontra no que denominam de Valores Concorrentes (*Competing Values Framework*). Esse modelo foi elaborado a partir de pesquisa empírica, de forma a garantir um elevado grau de congruência com os esquemas mediante os quais as pessoas nas organizações organizam as formas pelas quais pensam, seus valores e premissas.

A interação das quatro dimensões originou quatro quadrantes que definem quatro tipos de cultura. Cada um deles representa um conjunto específico de indicadores de efetividade organizacional, indicativos do que as pessoas valorizam em termos de desempenho da empresa, ou seja, dos "valores centrais a partir dos quais são feitos os julgamentos sobre a organização" (CAMERON; QUINN, 1999, p. 31).

As denominações de cada quadrante não foram atribuídas aleatoriamente, mas resultaram da literatura acadêmica que explica como, ao longo do tempo, valores organizacionais diferentes associam-se a diferentes formas ou tipos de organizações.

Os tipos ou perfis de cultura, segundo Cameron e Quinn (1999), identificam os elementos mais relevantes dos pressupostos básicos, estilos e valores dominantes de uma organização, sendo descritos da seguinte forma:

- Hierarquia: tipo de cultura com foco interno à organização, com ambiente de trabalho formal e estruturado, com diversos níveis hierárquicos, preocupada a longo prazo com estabilidade, previsibilidade e eficiência. Procedimentos, regras, tarefas e funções em geral são relativamente estáveis, integrados. As lideranças têm o papel de coordenação, monitoramento e organização.
- Clã: este tipo de cultura apresenta características de maior flexibilidade.
- Foco: assim como na hierarquia, é interno. Neste tipo de cultura é pressuposto que a melhor forma de se obter resultados é por meio de equipes de trabalho. Os clientes são vistos como parceiros, a organização preocupa-se com o desenvolvimento de um ambiente de trabalho humano, e a tarefa da liderança é a facilitação à participação, comprometimento e lealdade.
- Mercado: organizações que apresentam este tipo de cultura possuem orientação externa e estão preocupadas com o mercado competitivo. O foco encontra-se nos resultados e na produtividade. De acordo com este perfil, o ambiente externo não é visto como benigno, mas hostil e com consumidores exigentes. As lideranças encontram-se voltadas para a consecução de objetivos, traduzidos em lucros.
- Adhocracia: tipo de cultura onde há flexibilidade e foco externo, dinamismo, empreendedorismo e criatividade, voltada à produção de produtos e serviços inovadores. O pioneirismo é valorizado enquanto a liderança é visionária e orientada ao risco.

Valores organizacionais

Os valores organizacionais constituem-se em instrumentos que permitem gerar entendimento sobre a cultura organizacional (MENDES; TAMAYO, 1999).

Segundo Mendes e Tamayo (1999), os primeiros estudos quantitativos visando mensurar a percepção dos valores organizacionais foram realizados por Tamayo e colaboradores, no Brasil. Na vanguarda, elaboraram instrumentos tais como: a Escala de Valores Organizacionais (TAMAYO; GONDIM, 1996); o Inventário de Valores Organizacionais (TAMAYO; MENDES; PAZ, 2000); e, mais recentemente, o Inventário de Perfil de Valores Organizacionais – IPVO (OLIVEIRA; TAMAYO, 2004), com o objetivo de estabelecer uma medida da percepção dos valores organizacionais, tendo como base o modelo de valores básicos proposto por Schwartz (1992).

Os valores organizacionais podem ser definidos como aqueles percebidos pelos empregados como característicos da organização, ou seja, princípios ou crenças, organizados hierarquicamente, relativos a tipos de estrutura ou modelos de comportamento desejáveis que orientam a vida da empresa e estão a serviço de interesses individuais, coletivos ou mistos (TAMAYO; GONDIM, 1996, p. 63). Têm funções importantes, atuando como mediadores nos conflitos, contribuindo para a solução dos problemas das organizações e, consequentemente, garantindo sua sobrevivência (OLIVEIRA; TAMAYO, 2004).

Tamayo e seus colaboradores basearam-se no modelo de valores básicos de Schwartz (1992), que entende os valores como fatores motivacionais, organizados em duas dimensões bipolares opostas, às quais se integram valores com força motivacional semelhante.

Oliveira e Tamayo (2004), ao estudarem valores organizacionais, tendo como base a relação destes com valores pessoais básicos do indivíduo segundo Schwartz (1992), encontraram oito fatores:

- fator 1 – Realização: a valorização da competência para o alcance do sucesso da organização e dos empregados;
- fator 2 – Conformidade: valorização do respeito às regras e modelos de comportamento no ambiente de trabalho e no relacionamento com outras organizações;
- fator 3 – Domínio: valorização do poder, tendo como meta a obtenção de *status*, controle sobre pessoas, recursos e mercado;
- fator 4 – Bem-estar: valorização da satisfação dos empregados mediante a qualidade de vida no trabalho;
- fator 5 – Tradição: valorização dos costumes e práticas consagradas;

- fator 6 – Prestígio: valorização do prestígio organizacional na sociedade, mediante a qualidade de produtos;
- fator 7 – Autonomia: valorização de desafios, a busca de aperfeiçoamento constante, a curiosidade, a variedade de experiências e a definição de objetivos profissionais dos empregados;
- fator 8 – Preocupação com a coletividade: valorização do relacionamento com pessoas que são próximas à comunidade.

Esses fatores de valores organizacionais têm sua origem nos valores pessoais e possuem características comuns, uma vez que ambos apresentam componentes motivacionais e têm a função de orientar comportamentos: os valores pessoais orientando a vida das pessoas e os organizacionais, a vida das organizações. Oliveira e Tamayo (2004) partem da premissa de que os valores individuais agem como fatores motivacionais que tanto os gestores como os trabalhadores levam consigo ao ingressarem na organização.

Com base nessas premissas, Oliveira e Tamayo (2004) associaram os fatores de valores organizacionais à estrutura básica de valores pessoais de Schwartz (1992), alinhando-os às dimensões básicas bipolares Conservação *versus* Abertura à Mudança e Autopromoção *versus* Autotranscendência.

A primeira dimensão opõe valores que enfatizam a independência de ação a valores que se referem à preservação de práticas tradicionais e proteção da estabilidade. Assim, os valores organizacionais Tradição e Conformidade encontram-se nesse caso como opostos a Autonomia, respectivamente pertencentes às dimensões Conservação e Abertura à Mudança (OLIVEIRA; TAMAYO, 2004).

Já a segunda dimensão opõe valores que privilegiam interesses individuais, ainda que às custas de valores de outras pessoas, e valores que enfatizam a preocupação com o Bem-estar dos outros e da natureza. Prestígio, Domínio, Realização e Bem-estar são valores organizacionais que correspondem à dimensão Autopromoção e que se contrapõem à Preocupação com a Coletividade, pertinente à dimensão Autotranscendência.

Segundo o modelo, o tipo de cultura Hierarquia correlacionar-se-ia positivamente com as dimensões Conservação e Autotranscendência, e, consequentemente, com os respectivos valores organizacionais, Conformidade, Tradição e Preocupação com a Coletividade. Com as dimensões opostas, caberiam correlações negativas com Autopromoção mediante os valores Realização, Prestígio e Domínio e com Abertura à Mudança, por meio dos valores Autonomia e Bem-estar dos Empregados.

O tipo cultural Mercado apresentaria correlações positivas com as dimensões Conservação e Autopromoção e, portanto, com os valores Conformidade e Tradição, Realização, Prestígio e Domínio. Correlações negativas haveria com Autotranscendência e Abertura à Mudança e, por consequência, com Preocupação com a Coletividade, Autonomia e Bem-estar dos Empregados.

Já o tipo de cultura Clã estaria correlacionada positivamente às dimensões Autotranscendência e Abertura à Mudança, segundo os valores Preocupação com a Coletividade, Autonomia e Bem-estar dos Empregados, e negativamente com Conservação e Autopromoção e respectivos valores, Conformidade e Tradição, Realização, Prestígio e Domínio.

Finalmente, o tipo Adhocracia teria com as dimensões Abertura à Mudança e Autopromoção, bem como com os valores Autonomia e Bem-estar dos Empregados e Realização, Prestígio e Domínio, correlações positivas. Por outro lado, as dimensões Conservação e Autotranscendência e respectivos valores organizacionais, Conformidade e Tradição e Preocupação com a Coletividade, evidenciariam correlações negativas.

Culturas únicas e múltiplas em uma empresa

No caso da cultura única, podem-se mencionar alguns exemplos que têm por base os seus fundadores. São denominadas como culturas fortes onde se endossam as ações como, por exemplo: TAM – "Espírito de Servir", "Jeito HP", "Itaú – Um banco feito para você".

É possível ter em uma organização mais de uma cultura?

Para Kilmann (1991), só existe uma cultura, a de cima para baixo; mas para Meryl Louis (1985) podem existir várias culturas nos locais de trabalho. Isso depende do entendimento, na difusão e nos conteúdos, da homogeneidade e consistência nos relacionamentos e quanto existe de estabilidade.

Segundo Freitas (1991), uma cultura somente pode ser fonte de vantagem e assegurar um desempenho melhor se, e somente se, atender a três condições:

1. a cultura deve ser valorativa, isto é, deve permitir à empresa fazer coisas ou comportar-se de maneira que leve a vendas elevadas, custos reduzidos, altas margens. De outra forma, deve-se acrescentar valor financeiro à firma;
2. a cultura deve ser rara, ou seja, deve apresentar atributos e características que não sejam comuns a grande número de outras empresas; e
3. tal cultura deve ser imitável, apenas imperfeitamente, pois empresas que não têm essa cultura e tentam imitá-la estarão em desvantagem se comparadas com aquela que lhes serviu de modelo.

Apesar da reivindicação da unicidade, as manifestações culturais compartilham elementos comuns e expressam conteúdos comuns. Por exemplo, os contos de fadas, as lendas e os mitos religiosos exibem uma notável similaridade em conteúdo e estrutura. Portanto, a reivindicação da unicidade cultural é expressa através de manifestações culturais que, de fato, não são únicas. É o paradoxo da unicidade (MARTIN, 2002, p. 8).

Em síntese, é importante observar que culturas únicas são desejadas, mas nem sempre prevalecem. Há empresas que pela própria natureza da sua operação requerem diversas culturas para cada unidade de negócios. Assim, administrar diversas culturas organizacionais em uma mesma empresa passa a ser um desafio estratégico.

Resumo

A cultura organizacional se alinha aos elementos estratégicos para a empresa viabilizar-se no mercado e rentabilizar sua operação.

Aos ideais do fundador se associam os novos valores culturais, decorrentes de novos atores que adentram a organização e mesclam à cultura do fundador novos valores.

Dessa maneira, o diagnóstico da cultura da organização permite identificar valores, sob a forma de:

1. *padrões de comportamento* – estabelecidos formal ou informalmente para a conduta dos funcionários;
2. *crenças* – que são os valores compartilhados por todos dentro da organização;
3. *pressupostos* (valores, verdades) – os valores visíveis são sempre orientados pelos aspectos formais da organização e descrevem o que pode e o que não pode, o que deve e o que não deve e as verdades que são componentes ocultos, orientados pela emoção e situações afetivas, mas não constam em nenhum manual ou norma de procedimento da empresa;
4. *preceitos implícitos e explícitos,* tais como normas, regulamentos, costumes, tradições, símbolos, estilos de gerência, tipos de liderança, políticas administrativas, estrutura hierárquica, padrões de desempenho;
5. *tecnologia* – possibilita estabelecer os diferenciais estabelecidos pelos instrumentos e processos utilizados, tais como máquinas, equipamentos, *layout* de produção, distribuição e métodos de trabalho que compõem o DNA da organização;
6. *caráter* – é a forma como os indivíduos se comportam ou se manifestam e participam dentro da organização, sua criatividade, nos grupos informais, seus medos, suas tensões, sua apatia, agressividade ou comodismo.

Enfim, é a identificação da cultura da organização e o seu alinhamento com os ideais de seus fundadores mesclados com os de seus seguidores que permitem formular ações estratégicas de crescimento e participação de mercado, que rentabilize a operação e otimize os objetivos buscados pela empresa.

Uma empresa aérea, por exemplo, tem sua cultura fortemente apoiada em tecnologia de operação, por meio de normas de procedimento, regulamentos, políticas administrativas, todas dentro de um padrão de desempenho rigidamente estabelecido pela estrutura hierárquica.

Mas o seu DNA, que se caracteriza fortemente pelos ideais do fundador, pode, na medida em que novos valores são introduzidos na cultura organizacional, provocar uma ruptura de padrões de comportamento e um sério comprometimento no desempenho da empresa.

Ações estratégicas

É importante transformar a cultura organizacional num elo entre os ideais do fundador e os objetivos atuais da empresa. Para que isso ocorra, é preciso que as ambições pessoais de cada participante da geração atual da empresa também sejam consideradas, para que junto com os ideais de fundadores surja uma eficaz ferramenta de marketing. Todos unidos em torno de um inimigo comum: a concorrência.

A cultura organizacional é, portanto, uma arma poderosa para unir ideais, objetivos e recursos para transformar os elementos da organização em resultados de crescimento e ampliação de participação no mercado.

A competente gestão de culturas organizacionais, dentro de uma mesma empresa ou unidade de negócios, se constitui em um fator-chave estratégico.

4

ANÁLISE DO HISTÓRICO DA EMPRESA: O PAPEL DO FUNDADOR E SUA INFLUÊNCIA SOCIAL E ECONÔMICA (DNA DA ORGANIZAÇÃO)

A influência dos fundadores

Nascimento da cultura

Na cabeça de um empreendedor, inicia-se um processo de criação de um negócio a partir de uma ideia de um produto. Começa aí, segundo Robin (2002) e Freitas (1991), a cultura organizacional de uma recém-criada empresa, quando os costumes, as tradições e a maneira de fazer as coisas dão certo.

E, dependendo do grau de sucesso alcançado, inicia-se a cultura de uma organização. Nesse processo o papel dos fundadores é essencial, é a fonte primária da cultura, pois eles têm uma visão geral daquilo que a organização deve ser. Como as empresas começam pequenas, a importância dos fundadores na imposição de sua visão é facilitada sobre os demais participantes de uma organização.

Segundo o mesmo autor (ROBIN, 2002), o processo de criação de uma cultura ocorre de três maneiras, ou três etapas. Em primeiro lugar, os fundadores contratam quem pensa e sente como eles, depois doutrinam e socializam os funcionários de acordo com seu pensamento e, em terceiro lugar, o comportamento dos fundadores age como um modelo, encorajando os funcionários a se identificar com eles, e assim acabam introjetando seus valores, convicções e premissas. Quando a empresa tem sucesso, a personalidade dos fundadores, ou de seus executivos marcantes, passa a ser parte integrante da cultura organizacional. Temos como exemplos Bill Gates, na Microsoft, Akio Morita, na Sony, Olavo Setúbal, no Banco Itaú,

Amador Aguiar, no Bradesco, Antônio Ermírio de Morais, na Votorantim, Comandante Rolim, na TAM Linhas Aéreas, e Ozires Silva, na Embraer, entre outros.

O Modelo de Schein

Todas as organizações são inseridas em um ambiente e interagem com ele recebendo influências e também influenciando. São constituídas por pessoas que têm modos diferentes de agir, pensar e sentir. A cultura não é um contexto isolado e nem é uma constante.

Portanto, segundo Schein (1992, p. 41), cultura organizacional, como já mostrado, foi definida como: O conjunto de pressupostos básicos que um grupo inventou, descobriu ou desenvolveu ao aprender como lidar com os problemas de adaptação externa na integração interna e que funcionaram bem o suficiente para serem considerados válidos e ensinados a novos membros como forma correta de perceber, pensar e sentir em relação a esses problemas.

Portanto, o que Schein afirma é que a organização por inteiro vivenciou experiências comuns; pode ser que existam subculturas, mas a existência de uma cultura organizacional forte poderá prevalecer. O papel dos fundadores e dos primeiros líderes tem grande importância dentro do processo de moldar seus padrões culturais, que podem ajudar a desenvolver formas próprias de resolver problemas e conflitos ao longo da existência da organização, proporcionando visão de mundo aos demais e também um papel que a organização deve desempenhar no mundo. Segundo Schein, não é possível entender cultura sem o seu aspecto dinâmico, como é aprendida, o que faz entender uma cultura como um processo contínuo de formação e mudança que está presente em todos os aspectos humanos.

Isso deixa claro que no estudo da cultura de uma empresa ou qualquer cultura não poderemos deixar de lado a antropologia e a sociologia, o que será apresentado neste trabalho de forma paralela.

Estruturas e processos organizacionais visíveis (difíceis de decifrar)

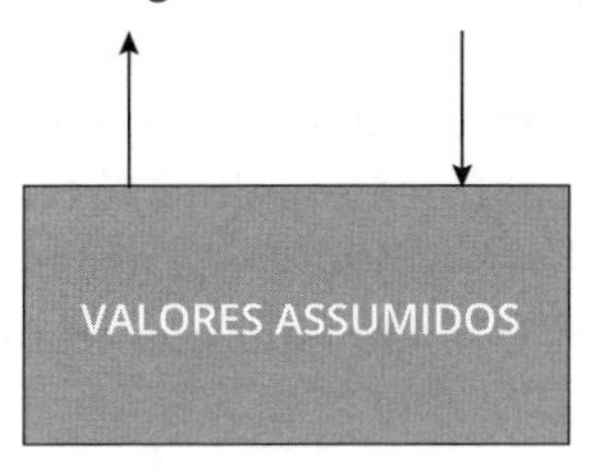

Estratégias, objetivos, filosofias (justificativas assumidas)

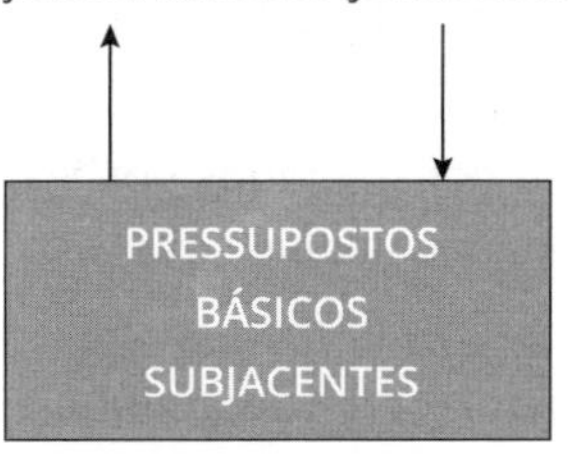

Crenças inconscientes consideradas naturais, percepções, pensamentos e sentimentos (fonte básica de valores e ações)

Fonte: Schein (1992).

Figura 4.1 – *Os níveis da cultura de Schein.*

1. Nível dos artefatos visíveis (ambiente constituído da organização, representado por sua arquitetura, tecnologia, comportamentos visíveis, manuais de instruções e procedimentos, disposição dos escritórios, comunicação aberta.
2. Nível dos valores que governam o comportamento das pessoas, que são os fundamentos para os julgamentos a respeito do que está certo ou errado, ou seja, o código ético e moral do grupo. É o nível intermediário, entre o consciente e o inconsciente, e são os conjuntos de princípios que definem os artefatos.

3. Nível dos pressupostos básicos (paradigmas inconscientes e invisíveis, que determinam como os membros de um grupo percebem, pensam e sentem o mundo externo, a natureza da realidade, do tempo e do espaço, a natureza da atividade humana e das relações humanas) (SCHEIN, 1984, p. 6).

A cultura está sempre em evolução, pois há alguma forma de aprendizado ocorrendo no ambiente externo e no interno. O aprendizado não se dá apenas na área cognitiva, é também afetivo, envolvendo aceitação, rejeição e predisposição, e a busca de soluções está nos ambientes externos e internos, o que cria ansiedade e dúvidas (SCHEIN, 1984).

Os artefatos e valores constantes nessa evolução podem sofrer mudanças culturais, mas os pressupostos básicos permanecem inalterados, o que protege o grupo de incertezas.

Os pressupostos são considerados por Schein como parte mais profunda da cultura organizacional, que não sofre mudanças ou, quando estas ocorrem, são lentas.

A sugestão de Schein é que o caminho para o entendimento da cultura organizacional está nos pressupostos básicos, através de entrevistas, da observação e da investigação.

Schein também entende que podem surgir subculturas em cada departamento com suas crenças compartilhadas (SCHEIN, 1984, p. 7).

Metodologicamente, Schein sugere como passos para identificação do universo cultural organizacional:

1. Analisar o teor e o processo de socialização dos novos membros.
2. Analisar as respostas a incidentes críticos da história da organização. A partir de documentos e entrevistas, é possível identificar os principais períodos de formação de cultura.
3. Analisar as crenças, valores, convicções dos criadores e portadores da cultura (é preciso recuperar suas propostas, metas, sua visão de mundo e da organização, seu modo de agir e de avaliar resultados).

4. Explorar e analisar, junto a pessoas de dentro da organização, as observações surpreendentes descobertas durante as entrevistas, o que auxiliará no processo de desvendar as premissas básicas e seu padrão de interação para formar o paradigma cultural.

A cultura organizacional é determinada pelos valores dos fundadores, por isso é importante saber a história de criação da empresa, para compreender como esses conceitos foram transmitidos na organização. Ao ser transmitido um valor para a cultura da organização, esse valor irá permanecer durante anos sendo passado de colaborador para colaborador.

A maioria das opiniões é semelhante: de acordo com diversos pesquisadores, a criação da cultura oferece uma promessa sedutora para os fundadores, ou seja, uma cultura igual a sua imagem, que estabelece uma visão compartilhada que sobrevive após a sua morte ou à sua possível saída da organização (FREITAS, 1991).

Papel dos fundadores na cultura organizacional

Cultura, em sentido amplo, é o que fornece ao grupo um referencial que permite atribuir sentido ao mundo em que vive e às suas próprias ações. Está fortemente relacionada a linguagem, já que as palavras, expressões, posturas e ações permitem a atribuição de sentidos e significados (MOTTA, 1996).

Embora a cultura seja criada pelas experiências compartilhadas, é o líder quem inicia esse processo, ao impor suas crenças, valores e pressupostos (SCHEIN, 2009). Os líderes fundadores têm a difícil tarefa de serem simultaneamente claros e fortes para articular sua visão para a organização, mas também de permanecerem abertos a mudanças à medida que a visão se torna deficiente em um ambiente turbulento (SCHEIN, 2009). Basicamente, pode-se considerar que as culturas emergem de três fontes:

1ª Fonte – as crenças, valores e pressupostos dos fundadores da organização;

2ª Fonte – as experiências de aprendizagem dos membros do grupo à medida que a organização se desenvolve; e

3ª Fonte – as novas crenças, valores e suposições trazidas por novos membros e novos líderes (SCHEIN, 2009).

Schein (2009) considera que cada um desses mecanismos exerce um papel importante na formação da cultura, mas destaca como o mais importante o impacto dos fundadores, que, além de determinarem a missão e o contexto ambiental em que a organização irá operar, selecionam seus membros e influenciam as respostas que o grupo emite para ser bem-sucedido e para se integrar ao ambiente.

Fleury et al. (2012) destacam a importância de se considerar o contexto histórico em que a organização foi criada e qual o papel de seu fundador. Os fundadores têm sua própria noção de como serem bem-sucedidos e de como operacionalizar sua ideia. Isso está baseado em suas experiências anteriores, na cultura na qual se desenvolveram, na educação que tiveram, em seus traços de personalidade, seus contatos sociais. Não apenas têm alto nível de autoconfiança e determinação, como também fortes certezas sobre a natureza do mundo, o papel que a organização exerce no mundo, a natureza dos relacionamentos humanos, como alcançar a verdade e como administrar o tempo e o espaço (SCHEIN, 2009).

As respostas idiossincráticas do fundador podem ser uma vantagem no início da organização, pois dão agilidade à exploração de novos nichos e necessidades do mercado. Como detêm a propriedade, os fundadores têm fortes incentivos para manter a eficiência e o cuidado no emprego do capital. Outra vantagem perante o mercado pode ser considerada a surpresa, já que o fundador não tem que explicar ou justificar suas decisões perante outros, como é o caso dos gerentes profissionais. Como desvantagens, pode-se citar que a organização torna-se muito dependente de seu fundador, há ausência ou insuficiência de monitoramento e disciplina, e há vulnerabilidade decorrente de problemas de autocontrole (quando os fundadores fazem o querem, e não o que deveriam fazer). Essas desvantagens podem trazer prejuízos à organização, como o afastamento de importantes *stakeholders*, dificuldade de retenção de talentos na organização pela falta de delegação de poder e limitada possibilidade de ascensão profissional e, finalmente, a dificuldade em atrair investimentos.

A sucessão dos fundadores e das famílias proprietárias para a administração por gerentes gerais de segunda, terceira e quarta gerações envolve muitos subestágios e processos. Schein (2009) identifica alguns processos e eventos prototípicos, sendo que o que considera como mais crítico é a passagem do fundador para um CEO da segunda geração. Ainda que esta pessoa seja filha do fundador ou membro de confiança da família, está na natureza dos fundadores e empreendedores a dificuldade em abrir mão do que criaram. Os fundadores devem ter a previsão de que algum dia deverão deixar a liderança, talvez antes do que imaginem ou se julguem prontos, para o benefício da própria organização. Isso pode ser muito difícil para fundadores muito apegados emocionalmente à organização. A influência do fundador é relevante para a cultura da organização, principalmente em seus anos iniciais. O legado do fundador pode ser tanto positivo quanto negativo e a permanência dele no controle da organização está relacionada a variáveis como sua formação educacional, seu perfil pessoal e experiências anteriores.

A morte do fundador

Nos últimos anos, segundo Lourenço, Donizete e Ferreira (2006), os trabalhos sobre o campo simbólico assumiram importância crescente na administração das empresas. Dentro da perspectiva simbólica, um dos caminhos para a compreensão dos fenômenos organizacionais é compreender a trajetória de vida da organização. Tal compreensão abrange alguns conceitos relacionados ao mito do fundador e à cultura organizacional. O fundador assume um papel fundamental no processo de moldar os padrões culturais de uma organização e após sua morte pode ser transformado em um mito.

Lourenço, Ferreira e Donizete (2006) buscaram identificar o sentido da morte do fundador para os atores organizacionais e compreender as mudanças ocorridas nas relações de trabalho após a sua morte. Sua pesquisa observou que a história de uma organização traz consigo muito da história do seu fundador, refletindo assim os seus valores. Constatou também que o sentido da morte do fundador para os membros organizacionais envolveu uma série de mudanças que acarretaram um rompimento com os valores e princípios preconizados por ele.

Nos últimos anos, os trabalhos sobre o campo simbólico têm-se multiplicado nas mais diversas áreas do conhecimento, assumindo importância crescente inclusive na administração. A incorporação dessa dimensão simbólica prende-se à ideia de procurar desvendar o significado de certas estórias, mitos, rituais, de certos comportamentos e artefatos que perpassam a vida da organização (FLEURY, 2012).

Nessa perspectiva, a compreensão dos fenômenos organizacionais envolve vários caminhos, sendo a trajetória de vida de uma organização um dos pontos fundamentais para entender o seu funcionamento. A compreensão da trajetória de uma organização abrange alguns conceitos que podem estar relacionados ao mito do fundador, sendo a cultura organizacional um polo norteador para a concepção desse aspecto crucial de qualquer organização. A perspectiva cultural tem origem em conceitos antropológicos e sociológicos, por meio dos quais se procura identificar e compreender aspectos da realidade organizacional, a partir da dimensão simbólica. Dentre esses aspectos, destaca-se a figura do fundador, que, principalmente nas empresas familiares, representa o proprietário e o principal dirigente da empresa, sendo a cultura organizacional um reflexo dos seus valores e crenças.

Perante as suas condições humanas, o fundador está sujeito à morte a qualquer momento de sua vida, o que não significa necessariamente a morte da organização, uma vez que esta possui a opção de continuar a desenvolver as suas atividades. A morte do fundador de uma organização, entretanto, resulta em um evento crítico na vida organizacional, visto que esta pode provocar alterações no universo da empresa.

A morte prematura e abrupta, por exemplo, do Comandante Rolim Amaro, fundador da TAM Linhas Aéreas, em um acidente de helicóptero, deixou a empresa carente de suas ideias e seus funcionários órfãos de um "pai patrão" muito presente e um verdadeiro líder carismático.

Lourenço e seu grupo procuraram identificar o sentido da morte do fundador para os atores organizacionais e compreender as mudanças ocorridas nas relações de trabalho após a sua morte.

Lourenço, Donizete e Ferreira (2006) propõem um referencial teórico sobre o mito do fundador abordando temas como cultura organizacional, influência do fundador, mudança organizacional, memória organizacional e sentido da morte. A presença virtual do fundador permanece por muitos anos após a sua morte e a importância da sua figura na condução dos negócios da empresa é emblemática. Contudo, os sucessores tendem a neutralizar sua influência tentando alterar a cultura da organização, buscando novos valores, novos rituais, enfim mudando o curso da história da empresa.

Segundo Freitas (1991), as estórias são narrativas históricas que descrevem as realizações ímpares de um grupo e seus heróis e servem para reforçar o comportamento desejado, uma vez que fornecem exemplos de comportamentos que devem ser seguidos. Durante o relato das estórias, as pessoas se constroem e se reforçam mutuamente em suas crenças individuais e coletivas. Nesse sentido, é comum aos membros organizacionais recuperar estórias sobre a vida da organização, explicitando valores que eram fundamentais para o fundador. Fleury (2012) ainda acrescenta que as estórias são permeadas pela tradição oral, que consiste no caminho fundamental para penetrar no universo cultural, dotado de valores e símbolos. Na memória organizacional, a figura do fundador pode também estar associada a um herói, que muito contribuiu para o crescimento e desenvolvimento da organização. Para alguém se transformar em um herói, é preciso pelo menos possuir uma saga e realizar uma série de feitos que ultrapassem o usual e o diferenciem dos demais, quer pela sua capacidade de vencer obstáculos, quer por ser um grande estrategista, quer pela competência em estabelecer e atingir metas audaciosas. Fleury (2012) destaca que o fundador como herói pode ser considerado um líder legítimo pelo seu comprometimento com a organização. O herói desempenha um papel muito maior que o do líder, visto que além de possuir um objetivo, ética e moral, ele se coloca à frente para salvar uma ideia, um povo ou uma pessoa. Independentemente da discussão de que heróis sejam líderes ou mais do que líderes, assume-se neste trabalho a definição de Deal e Kennedy (apud SCHEIN, 2001), para os quais os heróis são figuras simbólicas que possuem caráter motivador da organização e desempenham um importante papel na formação e manutenção da cultura, uma vez que eles fornecem modelos, tornam o sucesso atingível e humano, simbolizam a organização para o mundo exterior, preservam o que a organização tem de melhor, estabelecem padrões de desempenho, bem como motivam os membros da organização para o alcance de objetivos e metas. Vale ressaltar que o fundador como herói é independente do seu estado de existência (vida ou morte); no entanto, com a sua morte, a organização reaviva essa figura, visto que intensificam-se as estórias sobre os seus atos de coragem, personificam-se seus valores, que, de um modo geral, passam a ser interpretados como as qualidades desejáveis para os membros organizacionais. Por estar associada à figura de um herói, pode-se também atribuir ao fundador de uma organização o papel de um mito. Nesse sentido, o Comandante Rolim se tornou um mito, mas sua imagem para novos funcionários não é tão forte, apesar de suas histórias permanecerem ativas na imaginação dos funcionários mais antigos da organização.

As companhias aéreas brasileiras foram largamente influenciadas por seus fundadores.

Os fundadores e a cultura organizacional

Para que o leitor possa entender, elaboramos um breve histórico da aviação brasileira e seus fundadores.

Vejamos as seguintes empresas:

VARIG

Um imigrante alemão, Otto Ernst Meyer Labastille, ex-oficial do Serviço Aeronáutico Alemão e que tinha desembarcado no porto de Recife, em 1921, para trabalhar na empresa dos irmãos Lundgreen (Casas Pernambucanas), tentava convencer os empresários pernambucanos a montar uma empresa de transporte aéreo. Sem conseguir qualquer apoio, Meyer mudou-se em 1924 para o Rio de Janeiro, onde também não conseguiu apoio. Sem desistir, Meyer mudou-se novamente, dessa vez para Porto Alegre, em 1925, e lá conseguiu apoio dos empresários gaúchos. E assim foi criada a VARIG – Viação Aérea Rio Grandense.

Fonte: Google Imagens.

Figura 4.2 - *MD11*.

Real Aerovias Brasília

A Real Aerovias – Redes Estaduais Aéreas Ltda. foi fundada em 1945 por Vicente Mammana Neto. O primeiro voo ocorreu dia 7 de fevereiro de 1946, operando entre São Paulo (Aeroporto de Congonhas) e Rio de Janeiro (Aeroporto Santos Dumont).

Da segunda metade da década de 1940 até 1955, a empresa experimentou sua primeira grande expansão, pela aquisição de empresas menores. Em 1948, adquiriu a Linhas Aéreas Wright e em 1950 a LAN – Linhas Aéreas Natal. Com essas compras, a frota da Real chegou a 20 Douglas DC-3/C-47.

Fonte: Google Imagens.

Figura 4.3 - *Constellation.*

Com a compra da LATB – Linha Aérea Transcontinental Brasileira, em agosto de 1951, a Real expandiu consideravelmente sua malha na região Nordeste do país.

Entre 1954 e 1956, foram adquiridas também a Aerovias Brasil e a Transporte Aéreo Nacional. Finalmente, em 1957, adquiriu do empresário catarinense Omar Fontana 50% do capital da Sadia, e em contrapartida Fontana passou a ocupar um cargo na Real.

Com todas essas incorporações, a frota chegou a 117 aeronaves, que colocaram a empresa em 7º lugar no *ranking* da IATA, a mais alta posição já ocupada por uma empresa aérea brasileira até então.

As primeiras rotas internacionais foram abertas em 1951, com voos para o Paraguai. Mas foi a compra dos 87% da Aerovias que levou a Real a alçar voos para os EUA.

Em 1960, a Real expandiu suas rotas, chegando a Tóquio. Porém, nesse mesmo ano, foi tomada pela VARIG.

Panair do Brasil S.A.

Foi uma das companhias aéreas pioneiras do Brasil. Nasceu como subsidiária de uma empresa norte-americana, a NYRBA (New

York-Rio-Buenos Aires), em 1929. Incorporada pela Pan Am em 1930, teve seu nome modificado de *NYRBA do Brasil* para *Panair do Brasil*, em referência à empresa controladora (**Pan** American **Air**ways).

Por décadas dominou o setor de aviação no Brasil. Como as demais empresas aéreas que possuíam sócios estrangeiros nos anos 1950 e 1960, ela sofreu pressões do governo, iniciadas na gestão do Presidente João Goulart, para que suas ações ficassem totalmente em mãos brasileiras. Tudo levava a crer, nos bastidores do poder, que a VARIG naturalmente se envolveria na aquisição de parte da Panair, porém ela acabou nas mãos dos grandes empresários Celso da Rocha Miranda e Mário Wallace Simonsen. Tal desfecho incomodou o governo e a própria VARIG, que dava como certa mais uma aquisição de outra empresa aérea nacional.

Entretanto, em seu apogeu acabou por ter suas operações aéreas abruptamente encerradas em 10 de fevereiro de 1965, devido a um decreto do governo militar, que suspendeu suas linhas. A opção pela suspensão, ao invés da cassação, foi um mero artifício técnico encontrado pelo governo militar. Assim as operações poderiam ser, na prática, paralisadas de imediato, sem o decurso dos prazos legais de uma cassação. Até hoje suas linhas encontram-se tecnicamente suspensas.

Imediatamente após a suspensão, estranhamente os aviões e tripulações da VARIG já se encontravam prontos para operar os principais voos da Panair nos aeroportos do Brasil e do mundo, evidenciando que a VARIG havia sido comunicada do ato antes mesmo da própria Panair do Brasil.

Nos dias seguintes, a empresa entrou na justiça com um pedido de concordata preventiva, já que possuía boa situação patrimonial e financeira, e uma inigualável imagem de confiança e bons serviços prestados ao longo de décadas. Assim, a recuperação judicial seria possível caso o decreto do governo fosse revogado. Porém, o Brigadeiro Eduardo Gomes, então Ministro da Aeronáutica, teria interferido no caso, pressionando o juiz responsável pelo processo, e, fardado, pressionou-o a indeferir a concordata. Assim, em um caso inédito na justiça brasileira, deu-se a improcedência da ação no prazo recorde de 24 horas do pedido inicial. O magistrado, em sua decisão, alegou que a Panair do Brasil não conseguiria recuperar-se, pois sem a operação de suas linhas não haveria receita. Essa decisão não levou em consideração, evidentemente pela pressão, que a empresa teria receitas provenientes de suas grandes subsidiárias, que atuavam nas mais diversas áreas da aviação civil como manutenção de turbinas, ou ainda das receitas do conglomerado que a controlava, que incluía desde seguradoras, imobiliárias, fábricas do setor alimentício, exportação de café e telecomunicações.

O fechamento total da empresa pela ditadura militar só se deu definitivamente em 1969, através de outro ato também inédito na história do direito empresarial brasileiro, um "decreto de falência" baixado pelo Poder Executivo, durante o governo do General Costa e Silva.

PANAIR DO BRASIL
Panair do Brasil DC-8-33 PP-PDT, JUN 1962 at Paris-

Fonte: Google Imagens.

Figura 4.4 – *DC8.*

VASP

Em 12 de novembro de 1933, em uma cerimônia no Campo de Marte, foram inauguradas as duas primeiras linhas, e decolaram os primeiros voos comerciais, de São Paulo a São José do Rio Preto com escala em São Carlos, e São Paulo a Uberaba com escala em Ribeirão Preto.

As condições precárias da infraestrutura aeroportuária dificultavam a operação. Nos primeiros meses de atividades, a VASP teve suas operações suspensas devido a fortes chuvas que inundaram o Campo de Marte, sendo retomadas em 16 de abril de 1934. Tais dificuldades foram decisivas para a empresa participar do desenvolvimento de aeroportos e campos de pouso no interior paulista. A empresa transferiu suas operações para o recém-inaugurado Aeroporto de Congonhas, conhecido como "Campo da VASP".

Em janeiro de 1935, a sua frágil saúde financeira fez com que a diretoria pedisse oficialmente ajuda ao Governo do Estado. A VASP foi estatizada e recebeu novo aporte de capital para a compra de dois Junkers Ju-52-3M.

Em 1936, a VASP estabeleceu a primeira linha comercial entre São Paulo e Rio de Janeiro, e em 1937 recebeu seu terceiro Junkers.

Em 1939, a VASP comprou a Aerolloyd Iguassu, pequena empresa de propriedade da Chá Matte Leão, que operava na região Sul do país.

Em 1949, o avião da VASP pousou no Aeroporto de Catanduva, inaugurando assim a sua linha de voos diretos para São Paulo, Santos e Rio de Janeiro, feitos no mesmo avião. O possante Douglas, em seu voo inaugural, trouxe a esta cidade para presidir o ato de abertura o governador Adhemar de Barros, vários assessores e a imprensa, além do Dr. Aderbal Ramos, governador de Santa Catarina, que se encontrava em São Paulo e foi convidado para acompanhar a comitiva. Chegando a Catanduva, todos se dirigiram à Associação Comercial, Industrial e Agrícola, onde foi feita a recepção, tendo feito uso da palavra o Dr. Ítalo Záccaro, que saudou o Governador, focalizando a importância do acontecimento que ele viera presidir, depois falou o Dr. Aderbal Ramos, governador de Santa Catarina, que manifestou seu entusiasmo pela capacidade de trabalho do povo paulista, e depois o governador Adhemar de Barros falou da importância que tinha essa região no contexto estadual, daí a inauguração da nova linha da VASP, pioneira da aviação comercial no país.

A VASP funcionou na cidade de Catanduva durante cerca de três anos. Seu escritório era na Rua Pernambuco, 153 e seu agente era o Sr. Moacyr Lichti.

Após a Segunda Guerra, modernizou a frota com a introdução dos Douglas DC-3 e Saab 90 Scandia. Em 1955 encomendou o Viscount 800, primeiro equipamento a turbina no Brasil, e depois trouxe os NAMC YS-11 Samurai. Em 1962 foi a vez do Lloyd Aéreo ser comprado, ampliando ainda mais sua participação a nível nacional. Em janeiro de 1968, entrou na era do jato puro com a entrega de dois BAC One Eleven 400. Em 1969, trouxe ao Brasil os primeiros Boeing 737-200, em 1982 chegaram os Airbus A300B2 e em 1986 o primeiro 737-300 de nosso país.

No início da década de 1990, a VASP foi privatizada. Seu novo presidente, Wagner Canhedo, iniciou uma agressiva expansão internacional: Ásia, Estados Unidos, Europa e até mesmo o Marrocos entraram no mapa da empresa. Aumentou a frota, trazendo entre outros três DC-10-30 e depois nove MD-11. Criou o VASP Air System, após adquirir o controle acionário do Lloyd Aéreo Boliviano, Ecuatoriana de Aviación e da Argentina Transportes Aéreos Neuquén.

Em setembro de 2004, o Departamento de Aviação Civil (DAC) suspendeu as operações de oito aeronaves da VASP. Por medida de segurança, os aviões 737-200 de prefixos PP-SMA, PP-SMB, PP--SMC, PP-SMP, PP-SMQ, PP-SMR, PP-SMS e PP-SMT foram proibidos de voar até cumprirem as exigências técnicas de revisões e modificações obrigatórias – as ADs (*Airworthiness Directives*) – estabelecidas pelo fabricante. Sem dinheiro para fazer os trabalhos, a VASP decidiu encostar os jatos que, em seguida, começaram a ser canibalizados para oferecer peças aos outros 737 ainda em operação.

Com uma imagem arranhada e uma frota obsoleta, a empresa foi perdendo terreno, sobretudo após a entrada da Gol no mercado. A VASP operou em novembro de 2004 apenas 18% dos voos programados. Em setembro de 2004, quando enfrentou a primeira paralisação de funcionários e começou a ter problemas para abastecer suas aeronaves, a fatia de mercado da companhia aérea era de apenas 8% e, dois meses depois, de 1,39%. A ocupação também estava aquém do desejado: as únicas três aeronaves da VASP que voaram no mês saíram com 47% dos assentos vendidos.

A VASP parou de voar no final de janeiro de 2005, quando o DAC cassou sua autorização de operação. Suas aeronaves hoje estão paradas por aeroportos de todo o país, testemunhas de uma triste página da história da aviação comercial brasileira.

Fonte: Google Imagens.

Figura 4.5 - *MD11.*

TAM

Na cidade de Marília, interior de São Paulo a TAM – Táxi Aéreo Marília surgiu em 21 de fevereiro de 1961, a partir da união de dez jovens pilotos de monomotores. Na época, eles faziam o transporte de cargas e de passageiros entre o Paraná e os estados de São Paulo e do Mato Grosso com quatro Cessna 180 e um Cessna 170.

Em 1971, o comandante Rolim Amaro, que já havia trabalhado na companhia em seus primeiros anos de funcionamento, é convidado por Orlando Ometto para ser sócio minoritário da empresa, com 33% das ações. No ano seguinte, o piloto adquire metade das ações da TAM e assume a direção da empresa.

O ano de 1976 marca o surgimento da TAM – Transportes Aéreos Regionais, que dá origem à empresa conhecida hoje como LATAM Linhas Aéreas. Rolim detém 67% do capital da nova empresa, que teve atendimento voltado para o interior de São Paulo, Paraná e Mato Grosso.

A década de 1980 marca um período de crescimento. A mudança começa com a chegada dos turboélices Fokker F27, substituindo os aviões bimotores. Em 1981, a TAM comemora a marca de um milhão de passageiros transportados.

O primeiro grande salto da malha da empresa vem em 1986, com a aquisição da companhia aérea Votec. Com a medida, a TAM estende as suas atividades para as regiões Centro-Oeste e Norte do país.

Na década de 1990, a empresa ganha mais visibilidade com a chegada dos Fokker 100, inaugurando uma nova era na aviação regional. Em 1993, a TAM lança com pioneirismo o TAM Fidelidade, que se destaca por não prever limitação de assentos para as passagens gratuitas. O ano de 1996 marca o início das operações da TAM em todo o território nacional. A TAM adquire a companhia Lapsa do governo paraguaio e cria a TAM Mercosur, atualmente TAM Airlines. Em conjunto com um consórcio formado pela LAN Chile e TACA, a TAM lidera a negociação para compra de suas primeiras aeronaves Airbus. O resultado é a compra de 150 aeronaves para as três empresas junto ao consórcio europeu.

Outra iniciativa estratégica é a compra de uma área de 447 hectares no município de São Carlos, no interior de São Paulo, que hoje é a sede do Centro Tecnológico TAM. Em 1998, chegam à TAM seus primeiros Airbus A330 e a empresa faz o seu primeiro voo internacional na rota São Paulo-Miami. No ano seguinte, é a vez do primeiro destino para a Europa, Paris, em parceria com a Air France.

Atualmente, a LATAM Linhas Aéreas é uma companhia aérea brasileira, marca da LATAM Airlines Group, *holding* formada após a fusão da TAM com a chilena LAN Airlines, completada em 22 de junho de 2012. É a maior do Brasil e, depois da fusão, tornou-se a maior da América Latina, sendo uma das 20 maiores do mundo e a líder no Hemisfério Sul em número de passageiros transportados.

A companhia é membro da aliança aérea Oneworld, da qual fazem parte a LAN Airlines e American Airlines. Sua sede está localizada em São Paulo, igualmente com seus dois principais centros de operações (ou *hub*), Aeroporto de Congonhas e Aeroporto Internacional de Guarulhos. Além destes, o Aeroporto de Brasília, o Aeroporto de Rio de Janeiro e o Aeroporto de Belo Horizonte também servem como principais centros de distribuição de voos da companhia.

Sua frota é composta por 158 aeronaves Airbus (A319-100, A320-200, A321-200, A330-200 e A340-500) e Boeing (767-300ER e 777-300ER) e opera na malha aérea que voa para países na América do Norte, América do Sul e Europa, contabilizando os 20 destinos internacionais e 42 destinos em todo o Brasil.

Fonte: Airliners.net.

Figura 4.6 – *B777-300ER.*

A LATAM S.A. ainda possui uma companhia aérea, a subsidiária paraguaia LATAM Paraguai. Além dessas duas, outras empresas pertencem ao grupo: LATAM Cargo, Centro Tecnológico LATAM (LATAM MRO), Condomínio Industrial LATAM, LATAM Viagens e a Multiplus Fidelidade.

GOL

A Gol Linhas Aéreas surgiu no início de 2001 e em poucos anos tornou-se uma das principais companhias aéreas do país. O primeiro voo da Gol Linhas Aéreas foi operado em 15 de janeiro de 2001 e, dez anos mais tarde, a empresa possuía, junto à LATAM, 80% do mercado brasileiro. É, portanto, a 2ª maior companhia aérea do país.

O grande destaque da Gol Linhas Aéreas sempre foi oferecer aos passageiros preços extremamente competitivos com a garantia de aeronaves confortáveis e serviços de excelente qualidade. Esse diferencial permitiu à Gol Linhas Aéreas conquistar a confiança de milhões de brasileiros que, graças à política de preços baixos da companhia, puderam viajar de avião pela primeira vez.

Após conquistar seu lugar no mercado brasileiro, a Gol Linhas Aéreas expandiu seus destinos para a América do Sul:

- 2004: a Gol Linhas Aéreas cria a rota São Paulo-Buenos Aires, que atualmente conta inclusive com voos diários.
- 2005: um novo destino internacional foi implantado pela Gol Linhas Aéreas: Santa Cruz de La Sierra, na Bolívia.

Os anos seguintes mantiveram a Gol Linhas Aéreas em ascensão. Com foco na América do Sul, começaram a ser operados voos para Santiago, no Chile, e Lima, no Peru. Em 2007 a Gol Linhas Aéreas incorporou a VARIG Linhas Aéreas. Nesse ano, alcançou 39,5% de participação no mercado de voos domésticos e 14,2% nos voos internacionais, firmando-se como a segunda maior empresa de linhas aéreas do país.

Atualmente, a Gol Linhas Aéreas opera em todas as regiões do país, inclusive em todos os estados da região Norte e diversas cidades do interior paulista. Além disso, faz voos para as principais cidades da América do Sul, como Santiago, Buenos Aires, Bogotá e Caracas.

Quem quer viajar com conforto e comodidade sem abrir mão de preços excelentes escolhe a Gol Linhas Aéreas. Uma empresa genuinamente brasileira com mais de dez anos de experiência.

Fonte: Airliners.net.

Figura 4.7 - *B737.*

AVIANCA-OCEANAIR

A Avianca Brasil iniciou suas atividades como empresa de táxi-aéreo, denominada OceanAir. Atendia executivos e operários da indústria petrolífera de Macaé e Campos dos Goytacazes. Em 2002 recebeu autorização do DAC (atual ANAC) para operar linhas em colaboração com a Rio Sul, do antigo grupo VARIG, de quem herdou rotas e aeronaves. Passou a operar cidades rejeitadas pela antiga parceira, operando apenas voos regionais, porém ampliou rapidamente sua malha.

Destacou-se no início por utilizar cores variadas e chamativas em seus aviões. Os Embraer Brasília foram pintados de azul-claro, branco, vermelho, amarelo, rosa, laranja e cinza. Em 2003 reforçou sua frota com a chegada dos três Fokker 50, que foram pintados de vermelho, bege e rosa.

Em 2004, Germán Efromovich (75%), em conjunto com a Federación Nacional de Cafeteros de Colombia (de 50 passou a 25%), comprou e reestruturou a empresa colombiana Avianca, a mais antiga companhia das américas e segunda mais antiga do mundo e que estava em recuperação judicial, junto a Julio Mario Santo Domingo e seu grupo empresarial Bavaria, de onde surgiu a Synergy Aerospace, que posteriormente compraria a Vipsa do Equador, Aerogal do Equador, SAM da Colômbia e se fundiria com a TACA em 2010.

Ao final do mesmo ano, iniciou o projeto Super 100, com a aquisição de jatos Fokker 100 desativados pela American Airlines. A frota iniciou as operações em 2006, já no padrão de cores da Avianca, mas curiosamente os jatos foram denominados de MK-28.

Em seguida, iniciou um agressivo plano de expansão, trazendo dois Fokker 50 adicionais da frota da Avianca e dando início às rotas internacionais, operadas com dois modelos Boeing 767-300ER adquiridos da United Airlines e um Boeing 757-200 adquirido na França, este posteriormente equipado com *winglets*.

O confuso ano de 2008 marcou também um *code-share* e aquisição das operações da BRA Transportes Aéreos, o que variou ainda mais a diversificada frota da empresa, que ia dos pequenos Brasília até Boeing-767. Assim, com baixa rentabilidade e aumento nos custos operacionais, a OceanAir manteve apenas os Fokker, eliminando rotas regionais e internacionais.

Em 26 abril de 2010, o nome foi definitivamente trocado para Avianca Brasil, com a imediata padronização de cores. Em 7 de maio de 2013 recebeu a segunda aeronave, um Airbus A319. Em sua história ainda houve o capítulo de uma sociedade formada pela OceanAir (49%) e um Fundo de investimento (51%), que criou uma nova companhia aérea chamada Wayraperú, com pouca duração.

Em novembro de 2013, a Avianca Brasil recebeu o primeiro Airbus A320 equipado com *sharklets*, tornando-se a segunda companhia aérea brasileira a operar esta variante do A320. Em 2013, foi anunciada a fusão entre Avianca Brasil e Avianca Internacional (Avianca Holdings), formando uma só companhia e adotando uma marca única, integrando também a Star Alliance. A fusão e a adoção de uma nova imagem estão previstas para o ano de 2014. Também para o ano de 2014 está previsto o recebimento de três aeronaves Airbus A330-200 e a substituição dos Fokker 100 por novas aeronaves Airbus A320 equipadas com *sharklets*. Em 14 de dezembro de 2013, foi confirmado que a Avianca Brasil fará parte da Star Alliance a partir de 2014, trazendo mudanças dentro da empresa, como unificação da marca com a Avianca International, mudança do sistema e migração do Programa Amigo para o LifeMiles.

No dia 6 de abril de 2014, a Avianca Brasil lançou oficialmente sua nova marca e operações, ambas unificadas com a AviancaTaca. Ainda no mês de abril, ocorreu o lançamento da Avianca Cargo (Brasil), com o recebimento da primeira aeronave, um Airbus A330-200F, que será utilizado inicialmente na rota entre Guarulhos e Manaus.

Fonte: Airliners.net.

Figura 4.8 - *A330.*

AZUL

Criada e comandada por David Neeleman, norte-americano nascido no Brasil, que também foi o fundador da companhia JetBlue, dos Estados Unidos.

O início das operações se deu em 15 de dezembro de 2008. Seu presidente é David Neeleman e seu COO (chief operating officer) é José Mário Caprioli, fundador da Trip Linhas Aéreas.

Apesar de nova, já detinha, em dezembro de 2011, 9,77% de participação no mercado, o que lhe dá a terceira colocação entre as companhias aéreas do país. Tinha previsto crescimento de modo a elevar essa participação para até 10% em 2011 e 13% em 2013, quando deveria servir os 25 maiores centros metropolitanos do Brasil.

A intenção inicial era de ter uma frota composta exclusivamente de Embraer E-Jets, e para tanto encomendou 76 aeronaves, sendo 36 encomendas confirmadas e 40 com opção de compra e direito de compra. Porém, em 2009, sentindo a necessidade de atender a cidades menores com voos de pequenas distâncias, encomendou aviões ATR-72, que entraram em operação a partir de 2010.

Em 28 de maio de 2012, foi anunciada a fusão da companhia com a Trip Linhas Aéreas, pelo CADE em 6 de março de 2013.

Fonte: Azul.

Figura 4.9 - *EMB 195.*

O nome da companhia aérea foi escolhido através de um concurso na Internet, denominado “Você escolhe”, que durou 30 dias e resultou em milhares de participantes. Embora *Samba* tenha sido o nome mais votado, a empresa optou pelo nome *Azul*. A disputa foi tão acirrada entre as duas opções, que a nova empresa decidiu premiar com o passe vitalício tanto o internauta que propôs pela primeira vez o nome Azul, quanto o que propôs Samba. Os dois vão poder viajar de graça, com um acompanhante, por toda a vida.

Fusão com a Trip Linhas Aéreas

No dia 28 de maio de 2012, a Azul e a Trip Linhas Aéreas anunciaram uma fusão. A Trip Linhas Aéreas é a maior empresa aérea com segmento regional, aprovada, a nova empresa representa 30% do mercado em decolagem. A Azul tem 30% de participação de mercado em número de decolagens do país. Com a fusão, a Azul passou a ter um mercado maior na região Norte e aeroportos regionais como o Aeroporto da Pampulha em Belo Horizonte, assim como passará a ter voos saindo do Aeroporto Internacional de Guarulhos, maior aeroporto do Brasil. A fusão foi aprovada pela ANAC e pelo CADE. A razão social da nova empresa será AZUL TRIP S.A. e passará a operar somente com o nome AZUL.

Com voos internacionais e planos de expansão, último passo para a integração da Trip Linhas Aéreas e seus funcionários, a Azul retomou seus planos pré-fusão, entre eles o processo de internacionalização e expansão da companhia. Entre os planos, estão incluídos a compra de aeronaves maiores, como os Airbus A320, para voos domésticos e A330 para voos internacionais, inicialmente para Nova York, Orlando e Fort Lauderdale, na Flórida, *hubs* da JetBlue, outra companhia fundada por David Neeleman, e, a partir desses destinos, oferecer conexões para outras regiões dos Estados Unidos, através de acordo com a JetBlue. As aeronaves escolhidas para os voos internacionais de longa distância foram os Airbus A330-200, que começaram a chegar em 2014, e os Airbus A350-900, que chegam em 2017.

Fonte: Google imagens.

Figura 4.10 – *Fusão Azul e Trip.*

Sinopse do histórico

Empresa	Ano e fundador(es)	Perfil do fundador(es)	Ano e sucessor	
CONDOR	1927 – FRITZ HAMMER	PILOTO	1943 – CRUZEIRO DO SUL	
VARIG	1927 – OTTO MEYER	EX-OFICIAL DO SERVIÇO AERONÁUTICO ALEMÃO	1969 – RUBEN BERTA	
NYRBA-PANAIR	1929 – RALPH O'NEILL	PILOTO	1965 – LINHAS CANCELADAS	
VASP	1933 – HERIBALDO SICILIANO	72 EMPRESÁRIOS	1935 – ADALBERTO BUENO NETTO	
AERO GERAL	1942 – A. F. MC LAREN E CUSTÓDIO NETTO JUNIOR	PILOTOS	1952 – VARIG	
AEROVIAS BRASIL	1942 – LOWELL YEREX	EMPRESÁRIO	1954 – REAL	
LINHAS AÉREAS PAULISTAS	1943 – EMPRESÁRIOS	EMPRESÁRIOS	1951 – LÓIDE AÉREO NACIONAL	

VIAÇÃO AÉREA SANTOS DUMONT	1944 – EMPRESÁRIOS	EMPRESÁRIOS	1952 – ABSORVIDA PELA NACIONAL	
COMPANHIA MERIDIONAL DE TRANSPORTES	1944 – ALVARO ARAUJO	PILOTO	1946 – FALIU	
LINHAS AÉREAS NATAL	1946 – CYRO NOVAIS ARMANDO	PILOTO	1950 – REAL	
NACIONAL	1947 – HILTON MACHADO E MANUEL J. ANTUNES	PILOTO	1956 – REAL	
REAL	1945 – VICENTE MAMMANA NETO	EMPRESÁRIO	1945 – LINNEU GOMES – PILOTO	
LÓIDE AÉREO	1949 – RUY VACANI	MÉDICO	1962 – VASP	
PARAENSE	1952 – ANTONIO ALVES RAMOS JÚNIOR	EMPRESÁRIO	1970 – SUSPENSÃO DA LICENÇA DE OPERAÇÃO	
SADIA-TRANSBRASIL	1955 – OMAR FONTANA	PILOTO		

LATAM	1972 – ROLIM ADOLFO AMARO	PILOTO	2001 – DANIEL MANDELI	
GOL	2001 – CONSTANTINO JUNIOR	EMPRESÁRIO RODOVIÁRIO	2012 – PAULO KAKINOFF	
AVIANCA-OCEANAIR	**2002 – GERMÁN EFROMOVICH**	**EMPRESÁRIO**		
AZUL-TRIP	2008 – DAVID NEELEMAN E JOSÉ MÁRIO (CAPRIOLI)	EMPRESÁRIOS		
TOTAL	GESTÃO DE PILOTOS	GESTÃO DE EMPRESÁRIOS		DNA PROVÁVEL
19 EMPRESAS	47,36%	52,63%		1º LUGAR: EMPRESÁRIOS 2º LUGAR: PILOTOS

Observação: Foram retiradas algumas empresas (pequenas) que não mencionavam o nome do fundador.

Fonte: Tabosa (1989).

A maioria (52,36% empresários e 47,36% pilotos) dessa pequena margem de mercado não significa necessariamente que o DNA foi de empresários, pois a maioria tinha apoio de pilotos para empreender o negócio.

Portanto, cerca de 47,36% das principais companhias aéreas brasileiras analisadas continham em seu provável DNA uma forte influência de gestão a partir de seus fundadores pilotos. A se confirmar essa hipótese, é de supor que a gestão esteve fortemente influenciada pelo fator operacional.

Resumo

Segundo a ANAC, em maio de 2014, em termos de fatias de mercado por demanda, a líder era a LATAM, com 38,63% de participação – ante 39,21% em março de 2013. A Gol estava com 35,90% (36,14% um ano antes). A Azul detinha 16,43% ante 12,67%. E a Avianca possuía um *market share* de 8,34%, ante 7,14% em março de 2013.

Leia mais em: <http://www.valor.com.br/empresas/3541888/curtas#ixzz31z4Fasft>.

Conclusão

Da leitura deste capítulo pode-se concluir que havia forte instabilidade rondando o cenário das companhias aéreas brasileiras, pois muitas fecharam com menos de dez anos de vida. E nos últimos dez anos fecharam três grandes empresas: VARIG, VASP e Transbrasil. E outras foram incorporadas: Webjet pela Gol e Pantanal pela TAM.

A história da aviação comercial brasileira remete, portanto, à necessidade de uma reflexão estratégica acerca de uma política de transportes aéreos que respeite a cultura das organizações e imponha critérios para uma atividade mais consolidada e perene. Por outro lado, a preservação dos valores da cultura organizacional, seus ritos, mitos e seu histórico devem remeter à preocupação constante com a continuidade da empresa. E isso implica em adotar dispositivos de preservação e estratégias de consolidação; mais do que isso, é preciso que todos na empresa se unam em defesa de suas salvaguardas que permitam a sobrevida e o crescimento.

Ações estratégicas

Criar uma empresa aérea é o primeiro passo para ampliar a mobilidade de passageiros e cargas no país. Mas a história revela que nem sempre essas empresas conseguem sobreviver face a um ambiente turbulento, monetário, econômico e de demanda.

Sem subsídios do querosene, e com os elevados custos do Brasil, sobreviver num processo econômico conturbado é realmente um grande desafio.

As empresas aéreas brasileiras buscam saídas estratégicas, alçando voos internacionais e regionais. E, mais do que isso, se tornam reféns de governos nem sempre dispostos a colaborar com o modelo adotado para o transporte aéreo brasileiro.

5

A IMPORTÂNCIA DA CULTURA COMO RECURSO ESTRATÉGICO

O grande desafio das empresas é tentar sobreviver em seus mercados e, para isso, elas precisam buscar meios eficientes para se diferenciarem de seus concorrentes. Dessa maneira, os seus colaboradores são fundamentais, pois o envolvimento e o comprometimento deles tornam as empresas mais eficazes. Isso significa que, quanto maior a competência de suas equipes, mais competitiva é a empresa.

A missão, visão e valores de uma empresa representam um norte para os colaboradores e todas as ações referentes aos processos de uma empresa envolvem de alguma maneira a participação da equipe. Assim, o entendimento da cultura organizacional reflete-se na comunicação, produtividade, desempenho e eficiência de seus processos. No que diz respeito ao planejamento estratégico, a cultura organizacional é a orientação, o caminho inicialmente trilhado, sendo o futuro, o presente – sem perder o foco principal.

Fischermann e Almeida (1991) abordam o planejamento estratégico como uma técnica administrativa que permite ao gestor perceber as oportunidades e ameaças dos pontos fortes e fracos da organização, para o cumprimento de sua missão, determinando a intenção que a organização deverá seguir, no sentido de aproveitar as oportunidades e minimizar os riscos. Dessa maneira, planejamento estratégico pode ser considerado como o estabelecimento de recursos previamente estimados, no sentido de alcançar os objetivos da organização num ambiente altamente competitivo.

Por essa razão, é possível dizer que 50% do sucesso do negócio está relacionado à cultura organizacional. A outra metade se remete ao esforço coletivo da equipe de colaboradores. Para que o planejamento estratégico seja executado com sucesso, é essencial que todos saibam o papel que desempenham dentro da organização. Quando os norteadores são claramente internalizados pelos integrantes que atuam na empresa, não há falhas na execução do que foi planejado. A disseminação da cultura organizacional é extremamente importante no que diz respeito ao planejamento estratégico.

No entanto, cabe ressaltar que de nada adianta declarar esses conceitos se eles não forem praticados e bem trabalhados pela empresa. Para Scott, Jaffe e Tobe (1998), "se o processo de criação da visão estiver voltado para fora somente, fica difícil imaginar que pessoas sem entusiasmo forneçam um serviço com entusiasmo".

Para que a empresa consiga, de fato, praticar esses conceitos e não apenas externá-los, ela precisa construí-los a partir de sua verdadeira identidade. Usar valores que ela é realmente capaz de seguir. Assim, o ambiente organizacional deve transmitir para o colaborador o que a cultura representa dentro da composição do planejamento estratégico.

As empresas que realmente trabalham respeitando seus norteadores conseguem de fato transmitir seus valores a sua equipe. Para manter esses três princípios vivos em uma empresa, o discurso e as ações devem estar alinhados. Não é possível criar um ambiente motivador sem que as pessoas pratiquem o que pregam. O compromisso vem de todos os lados.

Scott, Jaffe e Tobe (1998) destacam que uma das qualidades-chave das organizações e equipes de alto desempenho é que elas têm um panorama claro do que estão tentando criar juntas. A declaração de visão coloca em palavras ou cenários o futuro desejado de sua organização. Criar paixão e comprometimento em relação a ações alinhadas é a essência de gerenciar um ambiente que muda rapidamente. A chave para essa ação alinhada é a visão compartilhada. Ela não é um processo de um único encontro em que os empregados participam e depois esquecem. É uma habilidade que é aprendida e usada repetidamente – o processo que evoca mais soluções criativas para os desafios do negócio.

A credibilidade e a confiança são conquistadas por meio de atitudes, e não somente com palavras. Muitas organizações pregam sua missão, sua visão e seus valores na parede, mas não os transformam em ações. Essas perdem o sentido de sua existência, pois na verdade não sabem o que significa a cultura organizacional.

A cultura da empresa deve ser relacionada com suas ações e todos são responsáveis por sua perpetuação. Corporações que não conhecem o seu ambiente e não vivem os seus valores estabelecidos acabam não conquistando vantagem competitiva e nem atingindo os objetivos pretendidos.

Para que elas adquiram esses conceitos, é necessário entender o seu ambiente, "uma vez que a compreensão do ambiente é sempre uma projeção de si própria" (MONTEIRO; VENTURA; CRUZ, 1999).

Para tanto, fica clara a importância dos norteadores para uma organização, seja ela de pequeno, médio ou grande porte. Os norteadores são a expressão descrita de tudo que a empresa se propõe a fazer. A compreensão do significado de cada palavra impacta diretamente na execução dos processos, além de ser essencial para que o colaborador tenha suporte ao desempenhar seu papel dentro do planejamento estratégico.

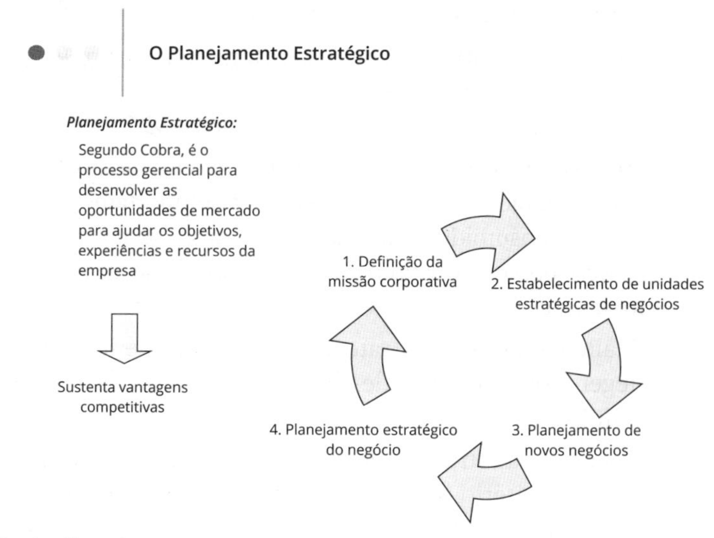

Fonte: Os autores.

Figura 5.1 – *Planejamento estratégico.*

Ações estratégicas em marketing

Dentre as premissas fundamentais de estratégia de marketing, vale citar as seguintes observações:

Para Kotler (1997), marketing não é como a geometria euclidiana, um sistema fixo de conceitos e axiomas. Antes disso, marketing é um dos mais dinâmicos campos dentro da arena gerencial.

Ao mesmo tempo, segundo Varadarajan (2009), as estratégias de marketing são universais no sentido de que elas generalizadamente relacionam produtos, mercados e Internet em um determinado horizonte do tempo.

Historicamente as estratégias têm evoluído, segundo alguns autores. Vejamos apenas algumas delas:

1. O propósito de uma estratégia de marketing é facilitar uma empresa na conquista e sustentação de vantagens competitivas em um dado mercado.
2. O propósito da estratégia de marketing é criar uma base de relação com o mercado, ativos e market baseados nos ativos intelectuais da organização (SRIVASTAVA et al., 1998).
3. O propósito da estratégia de marketing é permitir que uma organização estabeleça e consolide as relações de troca mutuamente benéficas com clientes (BAGOZZI, 1975).
4. O propósito da estratégia de marketing é o de modificar, influenciar e moldar o afeto, a cognição e o comportamento dos clientes e consumidores de maneira a torná-los favoráveis à aquisição, posse e consumo de ofertas específicas de um produto de uma organização (CARPENTER et al., 1997).
5. A finalidade de uma estratégia de marketing é identificar e eleger novos pontos de diferenciação (MACMILLAN; MCGRATH, 1997).
6. O propósito da estratégia de marketing é tornar o preço irrelevante no critério de escolha do comprador. Excetuando-se o caso dos produtos de luxo, em que um preço elevado pode estimular a demanda e um preço baixo pode significar menor qualidade.

Dessa forma, as estratégias de marketing devem estar em consonância com os desafios de mercado, mas devem respeitar a lógica do ambiente interno, preservando seus valores e sua missão consistentes com a cultura da organização. Em outras palavras, as ações estratégicas só terão eficácia na medida em que consigam alinhar recursos físicos, humanos, financeiros e organizacionais. E nesse aspecto o respeito à cultura da organização é essencial, como alavanca dos recursos internos.

Modelos de estratégias

Ao longo dos anos, os modelos de estratégia empresarial foram evoluindo e quase sempre envolvendo pessoas, equipamentos, serviços e difusão da tecnologia diferenciada e tecnologias disruptivas, por meio das quais a tecnologia está mudando significativamente a natureza da concorrência e, assim, contribuindo para ambientes competitivos instáveis. Depois de analisar os ambientes externo e interno, a empresa aérea tem as informações de que precisa para formar uma visão e uma missão. Os *stakeholders* (aqueles que afetam ou são afetados pelo desempenho de uma organização) aprendem muito sobre uma organização, quer seja uma empresa quer seja cidade, analisando a sua visão e a sua missão (HITT, 2008).

Entre outros, os principais modelos de ação estratégica dos últimos anos foram os seguintes:

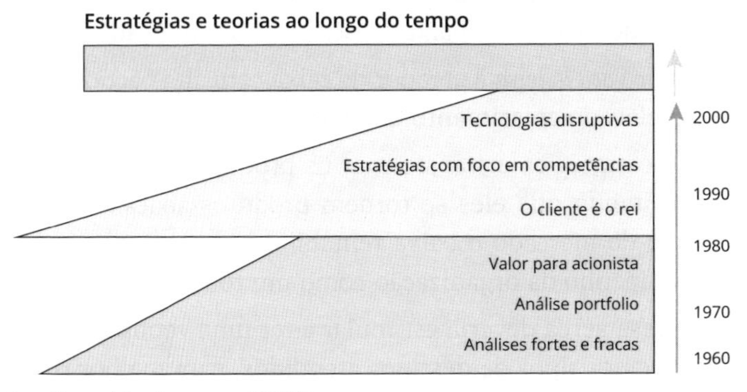

Fonte: Kim e Mauborgne (2005).

Figura 5.2 – *Estratégias e teorias ao longo do tempo.*

1. **Análise de forças e fraquezas** (*strengths and weaknesses analysis*) nos anos 1960.

Uma espécie de análise de *mea culpa*. Relaciona os pontos fortes com os pontos fracos de uma empresa, e suas ameaças com as oportunidades em relação a sua estrutura e seu desempenho no mercado de transporte aéreo. Além de dificuldades de caixa e de investimentos para se adequar a empresa às necessidades e expectativas do mercado, é preciso avaliar o atendimento ao cliente e suas falhas.

2. **Abordagem do portfólio de produtos do BCG – Boston Consulting Group** nos anos 1970.

Nesse modelo, o objetivo era minimizar a ação da concorrência por meio de fortalecimento de fraquezas organizacionais e melhoria da oferta de produtos e serviços. Em ambos os casos a atuação das pessoas, funcionários das organizações de serviços, era considerada importante, para tornar produtos ou serviços ofertados em: (1) produtos oportunidade; (2) produtos estrela; (3) produtos vaca leiteira; (4) produtos abacaxi.

O *produto oportunidade* ou menino prodígio é um produto novo de baixo crescimento e baixa participação de mercado; já o *produto estrela* é um produto de rápido crescimento de mercado e produto vaca leiteira (produtos geradores de caixa).

O *produto abacaxi* é um produto em final de ciclo de vida de baixa participação de mercado e baixo crescimento no mercado.

O *produto vaca leiteira* é gerador de caixa com alta participação de mercado e elevado crescimento de mercado.

A ação estratégica é transformar os produtos estrela em vacas leiteiras, evitando que eles se tornem produtos abacaxi (de baixa participação de mercado e baixa rentabilidade), contaminando assim o desempenho da organização como um todo.

A empresa aérea deveria estimular a ter uma venda equilibrada entre os diversos tipos de destinos atendidos, para melhor rentabilizar o seu negócio.

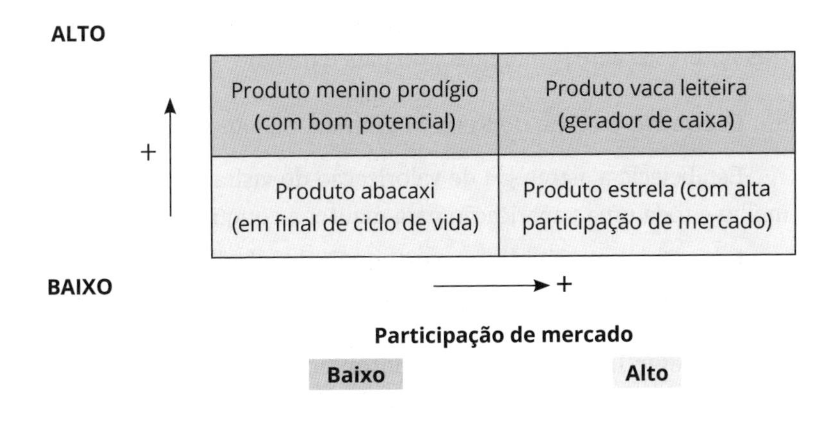

Figura 5.3 - *Crescimento de mercado.*

3. **Estratégia de *shareholder value*** (valor para o gestor e demais participantes que são afetados pelo desempenho da empresa, como um todo, nos anos 1980).

O foco era a valorização das operações de uma organização visando seu maior valor de mercado. Mais do que máquinas e equipamentos, uma empresa era e ainda é avaliada de acordo com o seu QE – quociente de eficácia operacional. E a força de vendas é sem dúvida um grande diferencial estratégico em relação à concorrência.

O que caracteriza valor para o acionista?

Entre outros aspectos, o que caracteriza o valor de uma empresa é seu desempenho em vendas e lucro.

4. **Análise da indústria e estratégia competitiva,** de Michael Porter, no início dos anos 1990.

Tinha como foco a análise da competitividade da empresa em seu setor industrial. E, sem dúvida, além de produtos diferenciados, a análise contemplava o desempenho da empresa como um todo e da força de vendas, em especial, como uma de suas vantagens competitivas.

Aplicando a uma companhia aérea, significa oferecer serviços diferenciados aos passageiros, procurando, com um desempenho de bom atendimento, obter vantagens competitivas em relação a outras empresas aéreas da região, do país e mesmo do exterior.

5. **O cliente é o rei,** de Kenichi Ohmae, nos anos 1990.

Estabelecia a estratégia de valorização do visitante, o tapete vermelho e toda uma paparicação para manter e conquistar os clientes.

E essa foi, sem dúvida, uma estratégia de valorização também da comunidade, para comprometê-la no processo de exaltar o cliente.

6. **Strategic Intent, Core Competencies (Intenções Estratégicas e Principais Competências) – Prahalad & Hamel.**

O norte-americano Gary Hamel e o indiano C. K. Prahalad foram indicados por muitos como os grandes candidatos à sucessão de Michael Porter, como estrategistas. A dupla escreveu a obra *Competing for the future*, em 1990, que influenciou toda uma geração de gestores, na qual os autores popularizaram os conceitos de "intenção estratégica" (*strategic intent*) e "competências distintivas" (*core competences*). Este último foi particularmente útil. Numa época repleta de fusões e aquisições fracassadas, Hamel e Prahalad aconselharam os gestores a centrarem os seus esforços nas competências que realmente dominavam e onde eram melhores do que a concorrência. "Faça apenas o que sabe fazer bem e delegue todo o resto", era o pensamento dominante nessa época.

Nos anos seguintes, Gary Hamel passou a dedicar-se mais aos temas da inovação, aproveitando o momento da "nova economia" e das redes sociais. Prahalad, por seu turno, apostou no estudo da pobreza. O autor indiano não percebia por que é que as grandes empresas continuavam a lutar ferozmente por um pouco mais de quota nos mercados saturados, quando nos países emergentes – como a China, a Índia ou o Brasil – havia uma enorme massa de consumidores com poder de compra em ascensão. O guru indiano chamou esse grupo de consumidores de o "fundo da pirâmide" (*bottom of the pyramid*). São 2,5 bilhões de pessoas que vivem com menos de três dólares por dia, mas que representam o maior mercado do mundo, um autêntico filão para as empresas (revista *Exame*. Angola, publicado em 31/5/2010).

Os fatos deram razão a Prahalad. Nunca, como agora, se falou tanto das oportunidades de negócio nos países emergentes, da ascensão dos pobres à classe média e dos milhões de pessoas que tentam aderir à economia formal. O guru (expressão indiana que significa "líder espiritual") apontou as estratégias adequadas para se ter sucesso junto aos consumidores com baixos rendimentos. Muitos exemplos vêm da Índia, o seu país natal. É lá que pontifica o grupo Tata, que se tornou famoso em escala global por ter criado o Nano, o automóvel mais barato do mundo (custa menos de 2.500 dólares). Mas há mais exemplos. Desde os computadores portáteis a menos de 100 dólares, das cirurgias de catarata por apenas 30 dólares, dos quartos de hotel a 20 dólares ou das chamadas de celular a menos de 1 centavo por minuto.

Com base na estratégia de Intenções Estratégicas e Principais Competências, uma empresa aérea poderia concentrar as suas ações estratégicas em oportunidades de mercado, seja de alta, baixa ou média renda. Prahalad recomenda a base da pirâmide, onde se encontra a população de baixa renda.

Mas, independentemente de qual público-alvo buscar, a empresa deveria direcionar suas ações estratégicas e suas principais competências para não perder sinergias e conquistar o coração do cliente, concentrando esforços em oportunidades de mercado.

7. **Tecnologias disruptivas** – Clayton Christensen, anos 2000.

É a estratégia do novo que rompe com tudo o que existe. Ele propõe: sempre olhe para baixo, se pretende atingir um determinado mercado, comece por baixo. Tenha como foco os segmentos menos lucrativos, que geralmente são desprezados pelos líderes.

Isso vale para produtos e também, diríamos, para serviços ofertados ao cliente e também para a estrutura organizacional das empresas. Um exemplo de estratégias disruptivas é a Apple, ao reinventar o celular e o computador e lançar *tablets*. Na área das companhias aéreas, essa estratégia significa "reinventar a empresa aérea".

8. **Blue Ocean Strategy** (estratégia do oceano azul) – Kim e Maugorgne.

Na estratégia do oceano azul, a empresa foca sua atuação de maneira diferente, reinventando a sua operação. Um exemplo é o Cirque du Soleil, que reinventou o circo: abandonou animais, astros circenses, vários picadeiros, emoções e palhaços e concentrou sua ação na beleza e leveza do espetáculo, com tema, ambiente refinados, várias produções de luz e cores, músicas e danças artísticas.

Quadro 5.1 – *Blue ocean strategy*

ELIMINAR	**INCREMENTAR**
• Astros circenses • Espetáculos com animais • Descontos para grupos • Espetáculos em vários picadeiros	• Picadeiro único
REDUZIR	**CRIAR**
• Diversão e humor • Vibração e perigo	• Tema • Ambiente refinado • Várias produções • Músicas e danças artísticas

Fonte: Kim e Maubourgne (2005).

A empresa aérea como um todo precisa ser repensada e as pessoas que atendem ao público em especial precisam ter um bom desempenho, integrando sobretudo o "prazer de servir". Portanto, o foco estratégico deve ser o desenvolvimento de competências organizacionais, que habilitem a empresa a qualificar melhor o seu desempenho, por meio do somatório de competências de seus funcionários e com base ainda em sua cultura organizacional.

A competência organizacional é o conjunto de qualificações e tecnologias essenciais ao desempenho de uma empresa no mercado.

Resumo de ações estratégicas

Quadro 5.2 – *Modelo hipotético*

Estratégia	Diagnóstico	Ação requerida
1. Análise de forças e fraquezas	A empresa possui mais pontos fracos do que fortes	Minimizar os pontos fracos e aprimorar os pontos fortes da empresa
2. Análise de portfólio de produtos – BCG	O portfólio de produtos ofertados ao mercado está desequilibrado	Desenvolver novos produtos para atrair turistas e investir em produtos de bom potencial de mercado
3. Estratégia de *shareholder value* (valor para o acionista e para o mercado)	As ofertas já não encantam como antes	É preciso criar novas atrações. É importante ter uma *big idea*
4. Análise da indústria e estratégia competitiva	A empresa oferece voos às mesmas cidades que a concorrência	A estratégia é criar uma empresa única capaz de gerar valores exclusivos (ao acionista e ao cliente) **Lucro** (*Exame*, 5/11/2013)
5. Estratégia do cliente	O cliente não é bem tratado	É importante que, de modo geral, o cliente seja bem tratado
6. *Strategic intent, core competencies* (intenções estratégicas e principais competências)	A empresa não possui uma estratégia definida quanto ao tipo de cliente que pretende atrair	É preciso ter foco no público-alvo que se pretende atingir em campanhas publicitárias que enfatizem as principais competências da companhia aérea

7. Estratégia de tecnologia disruptiva	As atrações da empresa estão envelhecendo, assim como a sua cultura organizacional	É preciso reinventar a empresa e seus atrativos
8. Estratégia do oceano azul	A taxa de ocupação das aeronaves e a lucratividade são baixas e sazonais	É preciso inovar para melhorar e rentabilizar a operação da empresa aérea

Fonte: Os autores, baseados em Kim e Mauborgne (2005).

Em conformidade com o posicionamento estratégico da empresa aérea, é possível identificar se ela navega sob um oceano vermelho ou sob um oceano azul.

Exemplo hipotético: como as empresas aéreas estão constantemente no oceano vermelho, devem estar atentas à importância da cultura organizacional devido ao delicado e sensível mercado.

A estratégia do oceano vermelho *versus* estratégia do oceano azul é uma comparação entre companhias aéreas.

Quadro 5.3 – *Oceano vermelho e oceano azul*

ESTRATÉGIA DO OCEANO VERMELHO	ESTRATÉGIA DO OCEANO AZUL
Compete nos espaços de mercado existentes	Cria novos espaços de mercado inexplorados
Procura fazer ofertas para vencer a concorrência de empresas concorrentes	Torna a oferta das companhias aéreas concorrentes irrelevante
Aproveita a demanda existente (verão, inverno, feriados etc.)	Cria e captura uma nova demanda
Exerce o *trade-off* (troca) valor-custo	Rompe o *trade-off* (troca) valor-custo
Alinha todo o sistema de atividades da operação com sua escolha estratégica de diferenciação ou baixo custo	Alinha todo o sistema de atividades da empresa em busca da diferenciação e baixo custo

Fonte: Os autores. Adaptado de Kim e Maubourgne (2005).

Diferenciando oceano vermelho e oceano azul

Imagine um ambiente de competição acirrada, em que os concorrentes disputam intensamente um mesmo mercado, realizando ações praticamente idênticas: este é um cenário de um oceano vermelho, sangrento, povoado por tubarões e local de constantes batalhas onde se encontram as empresas aéreas.

Agora, imagine um oceano azul, sem tubarões, em que uma empresa opera com muito mais espaço e tranquilidade. O cenário do oceano azul se torna possível quando uma empresa torna a concorrência praticamente irrelevante, criando novas regras para o mercado que até então não tinham sido definidas. Em tempos de vantagens competitivas tão escassas e passageiras, a adoção e o aprimoramento constante de uma estratégia de oceano azul podem garantir uma diferenciação de mercado à empresa que a realiza.

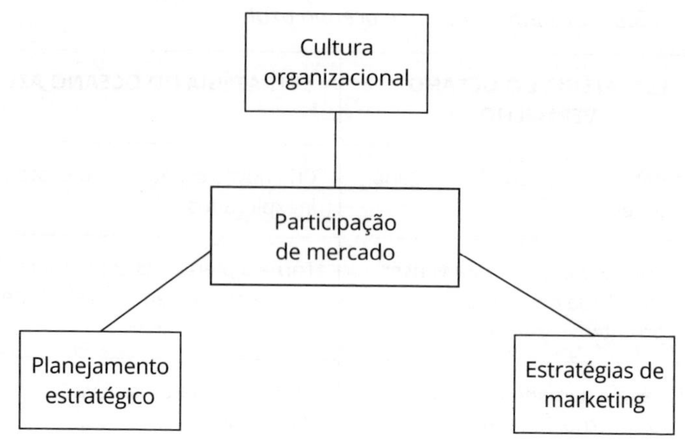

Fonte: Os autores.

Figura 5.4 – *Planejamento estratégico com base na cultura organizacional.*

Em síntese, a cultura da organização de uma companhia aérea deve estabelecer as bases do planejamento estratégico.

As ações estratégicas de marketing devem estar em consonância com a cultura organizacional.

E os objetivos de lucro e de participação de mercado devem levar em conta a visão do seu fundador.

Resumo

A área de marketing é a parte mais visível e importante do planejamento estratégico.

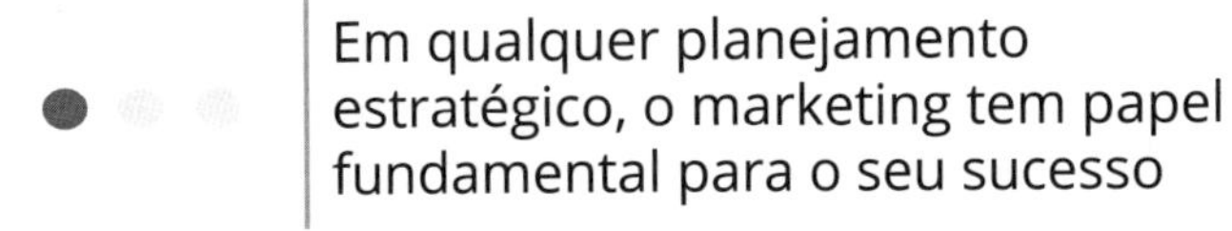

Em qualquer planejamento
estratégico, o marketing tem papel
fundamental para o seu sucesso

1. Marketing deve ter uma visão lateral, integrando áreas e estratégias de produtos.
2. O marketing precisa sempre estar alinhado às estratégias corporativas e de negócios da organização, e, obviamente, com a busca de *performance* financeira.
3. O planejamento de marketing deve considerar o dinamismo de mercado.

Ações estratégicas

As ações podem variar em função do desafio de mercado e do momento em que uma empresa se encontra; portanto, cada ação requerida depende de um diagnóstico situacional.

6

PESQUISA DA CULTURA NA VISÃO DOS FUNCIONÁRIOS

Por meio de uma pesquisa conduzida obedecendo ao método de investigação qualitativa e quantitativa, foi realizado um estudo da cultura organizacional em companhias aéreas para reconhecer a presença da cultura organizacional nas empresas aéreas brasileiras. Foi, sem dúvida, uma grande contribuição, embora se reconheça que ainda há muito a se explorar acerca do tema cultura organizacional, na medida em que "o ser humano se distingue não só por agir, mas por pensar no que faz e por interpretar suas ações dentro e a partir da realidade vivida e partilhada com seus semelhantes" (MINAYO, 2007, p. 21).

A pesquisa exploratória qualitativa

Procurando entender o âmbito das relações humanas, a pesquisa qualitativa, na colocação de Minayo (2007, p. 21), "trabalha com o universo dos significados, dos motivos, das aspirações, das crenças, dos valores e das atitudes". Pesquisadora amplamente conhecida no Brasil, no campo das pesquisas sociais, essa autora sempre se posicionou em busca da metodologia apropriada para reconstruir processos, estruturas, símbolos, significados, enfim, o conjunto de expressões humanas constantemente presentes na realidade social.

Considera que tudo pode ser quantificável, o que significa traduzir em números opiniões e informações para classificá-las e analisá-las. Requer o uso de recursos e de técnicas estatísticas.

Malhotra (2011) enfatiza que a pesquisa exploratória tem a função de determinar o problema com maior exatidão, além de identificar caminhos relevantes de ação e/ou alcançar dados adicionais. De acordo com Vergara (2013), a investigação exploratória costuma ser realizada em áreas onde há pouco conhecimento acumulado ou sintetizado. Na visão de Mattar (2014), a pesquisa exploratória busca demonstrar variáveis relevantes para o estudo do tema, assim como levantar prioridades para pesquisas futuras e até mesmo produzir hipóteses que pudessem ser testadas em pesquisas conclusivas.

Sob tal enfoque, Malhotra (2011) defende que uma pesquisa qualitativa apresenta uma visão mais aprofundada do contexto do problema e está embasada em pequenas amostras. Para o autor, a pesquisa exploratória é o melhor meio para se obterem as informações desejadas. Sampieri, Collado e Lucio (2006) indicam que o estudo qualitativo procura compreender seu fenômeno de estudo em seu ambiente usual.

As abordagens analíticas buscam enfatizar que o pesquisador, após ter realizado e descrito suas medidas, se interessa em explorar hipóteses de relações (semelhança e dessemelhança; causa e efeito; associação, correlação) entre as medidas realizadas. Recorrendo ao exemplo dos impactos do trabalho científico, esse estudo buscou identificar um tipo de impacto: cultura organizacional e mudança.

O objetivo da pesquisa foi conhecer a cultura organizacional em três empresas, considerando que "o ser humano se distingue não só por agir, mas por pensar no que faz e por interpretar suas ações dentro e a partir da realidade vivida e partilhada com seus semelhantes" (MINAYO, 2007, p. 21). O estudo foi conduzido no âmbito qualitativo e também no quantitativo.

A pesquisa foi conduzida sobre dois pilares: o primeiro, para a pesquisa de dados secundários, para entender a história da aviação comercial no Brasil; e o segundo, constituído por três pesquisas de dados primários, obedecendo ao método de investigação qualitativa e quantitativa.

Desenvolvimento da pesquisa

Foram realizadas três pesquisas distintas:

1. A primeira é uma pesquisa em profundidade em que foi ouvido um executivo de cada uma das três principais companhias aéreas brasileiras. Os entrevistados foram escolhidos por conveniência, em função do cargo e informação da cultura e estratégia das empresas.
2. A segunda pesquisa foi conduzida junto a aproximadamente 104 gestores de companhias aéreas, líderes de mercado.
3. A terceira é uma pesquisa eletrônica (via *e-mail*) que atingiu 286 funcionários, sendo 82 funcionários aeronautas, 132 aeroviários operacionais de terra e 72 funcionários administrativos.

Como instrumento para obtenção de dados, foi criado um roteiro de entrevista semiestruturada, o qual foi testado em uma entrevista piloto.

As entrevistas foram conduzidas por Francisco Conejero Perez, para sua tese de doutorado na Universidad de la Empresa em Montevidéu, Uruguai, e a discussão obedeceu um roteiro planejado, remetendo o entrevistado a oferecer respostas pertinentes aos objetivos que se pretendia explorar.

A escolha por realizar entrevistas semiestruturadas ocorreu por privilegiarem a interação entre o entrevistador e o entrevistado, já que, segundo Ludke e André (1996), a entrevista é um dos instrumentos básicos para coleta de dados da pesquisa qualitativa e quantitativa, pois permite captar a informação imediata.

Procedimentos

As entrevistas foram realizadas garantindo privacidade e sigilo. Para a coleta de dados, as entrevistas foram feitas sob três formas de abordagem: por questionários descritivos, diretos e em profundidade. Houve boa vontade de colaborar, pois os entrevistados consideravam o tema de interesse da alta direção.

Após cada entrevista, fez-se uma análise do conteúdo, com os respectivos comentários acerca de expressões significativas. O registro de respostas mostrou-se eficaz, captando as informações exatamente como foram expressas, eliminando a possiblidade de uma seleção ou omissão indevida.

Entrevistas descritivas – principais questões abordadas

A pesquisa foi conduzida em grupos onde foi precedida por uma aula em classe sobre o tema cultura, com a finalidade de não haver dúvidas quanto à sua resposta.

Esta pesquisa foi concebida e tabulada com ajuda do Sphinx.

Tabela 6.1 – *Amostra*

P1 – Ideologia do fundador da empresa presente	64%
P2 – Existe subculturas nas empresas	76%
P3 – Funcionários entendem a cultura de uma empresa	48%
P4 – Percepção de mudança na cultura da empresa	73%
P5 – Dá para mudar cultura empresarial da água para o vinho	19%
P6 – Cultura organizacional é importante ao se contratar um funcionário	96%

Fonte: O autor.

Tabela 6.2 – *P1*

P1	**Freq.**	**%**
Sim	67	64,4%
Não	37	35,6%
TOTAL OBS.	104	100%

Fonte: Adaptada pelo autor.

Em função dos dados obtidos, construiu-se o seguinte gráfico:

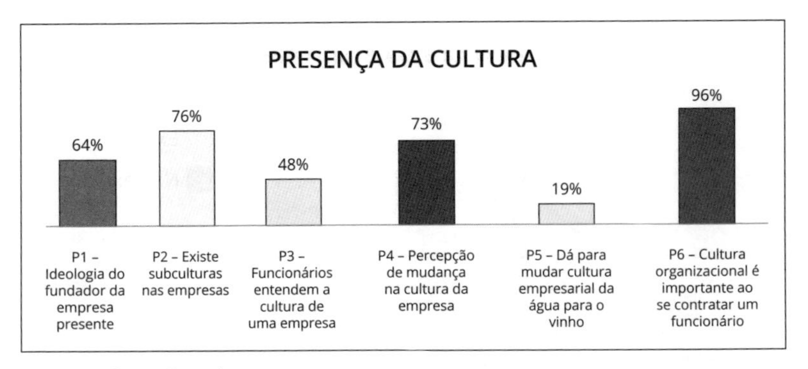

Fonte: Adaptado pelo autor.

Gráfico 6.1 - *Presença cultural.*

Cerca de dois terços dos entrevistados declaram que há nítida presença do fundador da empresa na cultura da organização. Entre os que apontam uma época de mudança na cultura da empresa, essa percepção é ainda mais forte, ou seja, para 73% dos que percebem mudança, ela está relacionada à cultura do fundador.

Entre os que declaram que o funcionário entende a cultura da organização, é mais baixa (48%) a percepção da influência do fundador nessa mesma cultura.

Pode-se observar que 64% percebem e sentem a presença de seus fundadores fazendo com que não existam dúvidas, pois estas respostas foram evidenciadas nas perguntas em profundidade e descritivas, o que comprova a variável dependente.

Tabela 6.3 - *P2*

P2	Freq.	%
Sim	100	96,2%
Não	4	3,9%
TOTAL OBS.	104	100%

2. Você acredita que temos subculturas (Outra cultura dentro de uma cultura)?

Fonte: O autor.

Em função dos dados obtidos, construiu-se o seguinte gráfico:

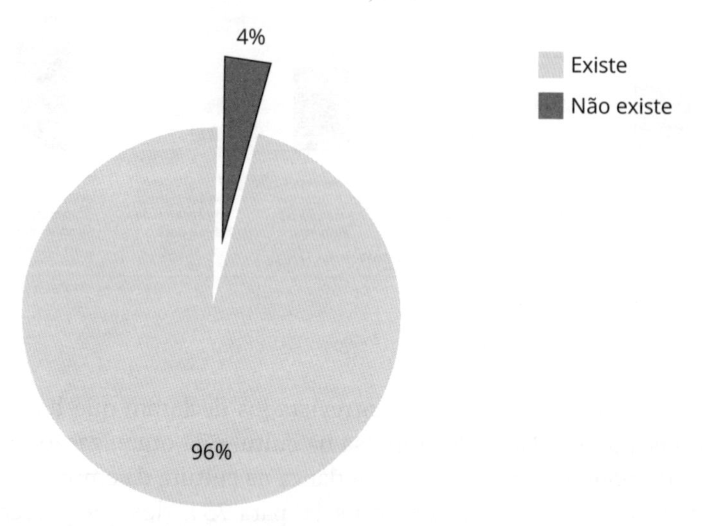

Fonte: Pesquisa realizada pelo autor com funcionários.

Gráfico 6.2 – P2 – *Existe subcultura na empresa?*

Quase a totalidade confirmou a existência de subculturas. Isso se deve ao reconhecimento da origem que foi moldada pelo fundador.

Poderemos confirmar essa resposta como sendo uma variável importante. Uma empresa que admite subculturas acaba sendo prejudicada nas suas estratégias, pois tem diferentes maneiras comportamentais. Isso prejudica a estratégia, sendo negativo para as empresas do oceano vermelho.

Síntese geral dos principais achados das pesquisas

Após todas as análises e interpretações com relação ao marco teórico e para melhor entendimento, apresentamos uma síntese dos principais objetivos.

Presença do fundador

Com relação à cultura do fundador, ficou claro que permanece a lembrança do primeiro, o que concorda com as afirmações de Schein (1984).

Segundo Schein (1992), crenças e símbolos são o que a empresa acredita como verdade, pode ser simbólica, representada pelo seu fundador ausente ou como crença, que nada mais é que aquilo que está dando certo baseado em uma proposta, hipótese sobre o que é real e todos acreditam e conseguem sucesso.

Podemos afirmar que os objetivos de lucro e de participação de mercado devem levar em conta a visão do seu fundador.

Subculturas

Podemos entender que podem surgir subculturas em cada departamento com crenças compartilhadas, podendo se transformar em um campo de batalha entre conservadores e progressistas, o que pode mudar os elementos da cultura existente (SCHEIN, 1984, p. 7).

Segundo Lourenço, Donizete e Ferreira (2006), além dessa cultura principal, existem também as subculturas, que podem estar ou não relacionadas entre si, ou que podem até concorrer umas com as outras. Elas podem ser geográficas, departamentais ou situacionais. Os valores centrais da cultura dominante estão presentes nessas subculturas, porém são incluídos valores adicionais e particulares de alguns grupos, equipes ou departamentos.

Treinamento

Ficou clara a necessidade de treinamento. Schein (1992) menciona como lidar com problemas de adaptação externa na integração interna, o que funciona bem o suficiente para ser ensinados a novos membros como forma correta de perceber, pensar e sentir. Dessa forma, de acordo com o autor, aqueles que não fizeram parte da história poderão ser integrados, e assim os líderes escolhidos serão adaptados.

Quanto aos funcionários antigos, estes devem ser os multiplicadores da cultura, o que ajudará no entendimento dos níveis culturais propostos por Schein (1992), que são os artefatos, valores assumidos e pressupostos básicos subjacentes. Com isso, entendem que somente o treinamento básico não é o suficiente, e sim o exemplo dos mais antigos e do fundador, se ele ainda existir.

Partindo-se do pressuposto de que ela é gerenciável, o seu entendimento é um elemento fundamental na gestão, considerando-se as constantes mudanças do ambiente organizacional e a necessidade de adaptação interna e integração externa das organizações (LOURENÇO; DONIZETE; FERREIRA, 2006).

Mudança de cultura

Os entrevistados relacionaram o ambiente, os hábitos, as crenças e as formas de apresentação da cultura e vêm a concordar com as afirmações pioneiras de Tylor (2005), definindo a cultura como sendo "o complexo que inclui conhecimento, crenças, arte, moral, leis, costumes e outras aptidões e hábitos adquiridos pelo homem como membro da sociedade". Esse mesmo autor, com base na antropologia cultural, descreve a evolução dos costumes, tradições e formas de organização de um povo que são transmitidas de geração em geração, estabelecendo a identidade de um povo. Por outro lado, Linton (1967) afirma, como termo geral, que a cultura significa a herança social e total da humanidade, portanto podemos entender que a história de uma empresa e seus valores ao longo do tempo evoluem estabelecendo um conjunto de ideias, comportamentos, símbolos e práticas sociais.

De acordo com o exposto acima, temos evidências de que a mudança de cultura ocorre quando estão ocorrendo mudanças fundamentais no ambiente e também no caso de empresas altamente competitivas. O ambiente passa a ser mutável, também, no caso de uma fusão, onde a companhia está em vias de tornar-se uma grande corporação. Há também o caso evidenciado de crescimento rápido e uma massa enorme de trabalhadores sendo absorvida (FREITAS, 1991, p. 81).

Segundo o ponto de vista das ciências sociais (isto é, da sociologia e da antropologia), conforme a formulação de Tylor (2005), a cultura é um conjunto de ideias, comportamentos, símbolos e práticas sociais artificiais (isto é, não naturais ou biológicos) aprendidos de geração em geração por meio da vida em sociedade. Essa afirmação de Tylor confirma a mudança da cultura.

A cultura é dinâmica. Como mecanismo adaptativo e cumulativo, a cultura sofre mudanças. Traços se perdem, outros se adicionam, em velocidades distintas nas diferentes sociedades.

Mudança da água para o vinho

No tocante à mudança da água para o vinho, levando em conta que cultura vem do latim *colere*, que significa *cultivar*, a cultura é todo aquele complexo que inclui o conhecimento, a arte, as crenças, a lei, a moral, os costumes e todos os hábitos e aptidões adquiridos pelo homem não somente em família, como também por fazer parte de uma sociedade como membro dela que é (LOURENÇO; DONIZETE; FERREIRA, 2006). Portanto, levando em conta a afirmação, é difícil a mudança rápida.

Cameron e Quinn (1999), por sua vez, apesar de reconhecerem na cultura elementos de diferenciação e fragmentação, consideram que a força da cultura está na habilidade de fazer com que as pessoas continuem juntas, de forma a superar a fragmentação e a ambiguidade característicos do ambiente externo, conduzindo a empresa na direção do sucesso. A cultura é tratada por esses autores como uma possível vantagem competitiva das organizações na medida em que representa um conjunto de percepções, memórias, valores, atitudes e definições geradas por consenso e, portanto, comuns, além de integradas. Entendem a cultura como sendo algo gerenciável e, portanto, passível de mudança.

A cultura como parte do planejamento estratégico

As ações estratégicas devem estar em consonância com a cultura organizacional (KIM; MAUBOURGNE, 2005).

Ao longo dos anos, os modelos de estratégia empresarial foram evoluindo e quase sempre envolvendo pessoas, equipamentos, serviços e difusão da tecnologia diferenciada e tecnologias disruptivas. Por meio delas a tecnologia está mudando significativamente a natureza da concorrência e, assim, contribuindo para ambientes competitivos instáveis. Depois de analisar os ambientes externo e interno, as empresas aéreas têm as informações de que precisam para formar uma visão e uma missão. Os *stakeholders* (aqueles que afetam ou são afetados pelo desempenho de uma organização) aprendem muito sobre uma organização, quer seja uma empresa ou cidade, analisando a sua visão e a sua missão (HITT, 2008).

No modelo abordado do portfólio de produtos do BCG – *Bostom Consulting Group* nos anos 1970, o objetivo era minimizar a ação da concorrência por meio de fraquezas organizacionais. No caso, é apontada como importante a atuação das pessoas, funcionários das organizações de serviços, o que, sem dúvida, depende da cultura organizacional da empresa.

A competência organizacional é o conjunto de qualificações e tecnologias essenciais ao desempenho de uma empresa no mercado.

Principais itens relacionados à cultura da organização identificados nas pesquisas:

1. A cultura organizacional se encontra fragmentada após a morte do fundador em diversas subculturas trazidas para a organização por novos atores (novos gestores).
2. A cultura é um processo evolutivo em função dos desafios de mercado e da participação de novos atores (novos gestores).
3. A cultura organizacional sofre mudanças e tende a ser mais evolutiva em conformidade com os desafios de mercado.
4. A cultura é um processo agregativo na medida em que une as pessoas em torno de visões, missões, ritos e rituais, objetivos e ações estratégicas (da água para o vinho).
5. Em síntese, a cultura da organização de uma companhia aérea deve estabelecer as bases do planejamento estratégico.

Síntese da pesquisa

1. O DNA de uma empresa aérea é fortemente influenciado pelo estilo gerencial de seu fundador.

2. A cultura organizacional é a base do planejamento estratégico.
3. A cultura organizacional é um movimento dinâmico que evolui com o tempo e com os novos gestores.

Resumo

As empresas veem na cultura da organização um elemento importante para direcionar seus recursos estratégicos. A cultura está fortemente influenciada pelos valores do fundador, e a forma de trabalhar tem a ver com a cultura e a subcultura do setor ou departamento da empresa. A pesquisa revela, entre outros aspectos, que a forma de trabalhar é consistente com a cultura ou subcultura. Portanto, o desenvolvimento de competências deve levar em conta os valores culturais. As empresas devem buscar um direcionamento estratégico, moldado por desafios de mercado. E devem estar atentas às mudanças na cultura decorrentes da entrada de novos funcionários e gestores com novos valores. Administrar a entrada de novos funcionários deve privilegiar os aspectos culturais assemelhados. Ou seja, os novos funcionários devem ter um perfil que se enquadre, na medida do possível, ao dos demais funcionários. E isso pode ser uma constatação de continuidade, que deve ser respeitada caso isso seja adequado para o momento da empresa.

Ações estratégicas

A cultura pressupõe valores, recursos e conhecimentos que devem ser direcionados para os objetivos de mercado. Crescer, por exemplo, é uma tarefa que não é fácil, se a empresa não dispuser de pessoas preparadas e competentemente alinhadas com os objetivos e recursos da organização. Mais do que recursos tecnológicos, financeiros ou produtivos, uma empresa precisa cuidar do desenvolvimento e aprimoramento de sua cultura organizacional, como sendo o seu maior patrimônio. Preservar e ampliar a marca da empresa e seus produtos no mercado são tão importantes quanto zelar por uma cultura fortalecida por valores substantivos.

7

FATORES-CHAVE DE SUCESSO A PARTIR DA CULTURA ORGANIZACIONAL

A identificação dos fatores-chave da cultura organizacional é, sem dúvida, um dos passos mais importantes que devem ser levados em conta na formulação do planejamento estratégico e em seguida para ações estratégicas em marketing.

Com base em três pesquisas, foram levantados os fatores da cultura organizacional que se alinham ao planejamento estratégico. A primeira pesquisa foi realizada junto a gestores de três empresas aéreas com o objetivo de se obter uma visão geral analítica sobre a cultura organizacional nessas três empresas de transporte aéreo, conseguindo identificar os elementos da cultura, bem como a importância da cultura para o planejamento estratégico de cada empresa:

1. pesquisa em profundidade com três principais gestores das três principais empresas aéreas;
2. pesquisa com funcionários de três empresas aéreas de mercado;
3. pesquisa utilizando meios eletrônicos.

Cultura e subcultura

Com relação às subculturas, os entrevistados afirmaram, tanto na pesquisa em profundidade realizada junto a diretores quanto na realidade junto a gestores da empresa líder, que a cultura organizacional ainda não está disseminada adequadamente na empresa líder. E que algumas pessoas agem de acordo com seus princípios independentemente dos objetivos da empresa.

Por outro lado, há um consenso de que os novos funcionários, ao serem admitidos, deveriam ser orientados a perceber a forma correta de pensar e sentir e dessa forma ser integrados e mais bem orientados a entender a cultura da empresa.

Nas entrevistas realizadas com os gestores, pôde-se observar que eles possuem conhecimentos sobre cultura organizacional e comentaram que sob o ponto de vista do fundador a cultura deveria ser preservada. Mas não acreditam em heróis nem em mitos; preocupam-se com a liderança, consideram a cultura organizacional como o alicerce do negócio e que ela está ligada ao desenvolvimento da empresa, e admitem a existência de subculturas e revelaram uma preocupação em unificar a cultura em torno do comportamento que possa levar ao sucesso da empresa.

Os gestores entrevistados disseram acreditar em mudança cultural, o que é um fato positivo diante de tantas subculturas presentes no setor das empresas aéreas.

Pois, se existem várias subculturas, elas permeiam a ideia de cultura como organismo vivo e como tal passível de mudanças.

Fica evidente que o fiel cumprimento do planejamento estratégico de uma empresa é condição necessária para que ela possa, com sucesso, desempenhar sua missão e garantir sua longevidade, pois a cultura empresarial desenvolve-se ao longo dos anos, sendo, de todos os aspectos e parâmetros que cercam o negócio da empresa, um dos itens cuja mudança/transformação mais demandam tempo. Não se consegue modificar a cultura de uma empresa de uma hora para outra, mesmo quando ela atravessa crises profundas.

Reunindo os dois conceitos – cultura da organização e planejamento estratégico –, pode-se entender que, se não houver ingredientes na cultura empresarial que apontem de modo efetivo a forma de comprometer todos os funcionários da empresa, em seus diversos níveis, e ainda os *stakeholders* associados, com o cumprimento dos objetivos estratégicos a missão da empresa, não será alcançada. E isso vai impor vulnerabilidades consideráveis para sua longevidade.

Em resumo, um termo muito importante encontrado na missão e visão estabelecidas pelas empresas é a longevidade assegurada.

Portanto, assegurar a sua continuidade é a essência de uma organização desde a sua criação. E os vários elos que constituem a cultura organizacional devem levar ao cumprimento de seus objetivos estratégicos.

A pesquisa identificou que o ambiente das organizações é influenciado e influencia as crenças e os significados necessários para uma cultura baseada em comportamentos, hábitos e costumes.

Foi percebido que as empresas de transporte aéreo possuem culturas similares devido à miscigenação constatada no fato de que quase todos os funcionários mais experientes são originários de outras empresas aéreas já fora de operação.

Portanto, esse fato permitiu uma análise comum a todas as empresas do setor aéreo.

Fica caracterizado que ocorre uma mudança cultural não só em uma empresa, mas em todas do setor de transporte aéreo, devido ao crescimento acelerado e a uma miscigenação de subculturas que leva a multiculturas do setor como um todo.

Surge então uma nova cultura alicerçada nos ideais de seu fundador, porém com algumas modificações em função de fusões e aquisições presentes em quase todas as empresas do setor.

Quadro 7.1 – *Resumo das principais observações dos gestores das três principais empresas de mercado*

"O fiel cumprimento do planejamento estratégico de uma empresa é condição necessária para que ela possa, com sucesso, desempenhar sua missão e garantir sua longevidade."	"Não acredito em mito ou herói, e sim no líder positivo."	"Eu acredito que existe a lembrança do fundador, que realmente influencia a empresa ao longo do tempo."	"A empresa A não entra para ser a VARIG, entra com tudo diferente, como inovação, que é um dos valores que temos."	"A empresa A é uma jovem não só na idade, mas pelo jeito dela a gente é bem despido de hierarquias, somos próximos um do outro."	"A cultura se desenvolve na direção que já vem vindo ou pode mudar a direção. Mudar a cultura é sempre muito difícil, mas é o que determina o sucesso ou o fracasso de um processo de fusão."

Fonte: Pesquisas da tese de doutorado *A cultura organizacional de companhias aéreas*. Francisco C. Perez, UDE.

A cultura é vista pelas empresas entrevistadas como um movimento interno baseado em crenças, visões e ações que estabeleçam desempenhos diferenciados e de sucesso. E mais do que um movimento estratégico, é também um movimento em busca de valores a serem conquistados e implantados.

A cultura da organização de uma companhia aérea é que estabelece as bases do planejamento estratégico e influencia as ações estratégicas de marketing que possibilitam um melhor desempenho em termos de participação de mercado e de lucro.

Ou seja, uma empresa aérea com melhor desempenho é aquela cuja cultura organizacional foi adequadamente trabalhada a partir da visão do seu fundador.

A TAM, por exemplo, tinha na visão do seu fundador Comandante Rolim Amaro a cultura do serviço, foco das empresas de táxi aéreo das quais a companhia aérea era derivada.

Com a criação de uma universidade corporativa, o fundador esperava disseminar entre os funcionários, notadamente tripulantes e agentes de aeroportos, "o prazer de servir". A expectativa era de uma empresa orientada por marketing, focada em estratégia de serviços. Serviços que incluíam canapés, bebidas, lanches diversos e música ao vivo nas salas de embarque. Traslados em limusines em Miami aos passageiros da classe executiva e primeira classe. Os pilotos deveriam agir como "gestores de voo", fazendo marketing desde a recepção dos passageiros na porta da aeronave, por todo o voo e até a sua saída do avião.

Com a morte prematura do fundador e mudança do mercado, a empresa mudou o foco e a universidade corporativa, denominada Academia de Serviços, passou a se orientar para o treinamento geral técnico e de serviços.

Dessa maneira, a cultura organizacional se voltou para outros objetivos estratégicos em função do mercado, notadamente o lucro, com base na receita operacional.

Em síntese, a cultura da organização de uma companhia aérea deve estabelecer as bases do planejamento estratégico.

As ações estratégicas de marketing devem estar em consonância com a cultura organizacional.

E os objetivos de lucro e de participação de mercado devem levar em conta a visão do seu fundador.

Resumo

A área de marketing é a parte mais visível e importante do planejamento estratégico.

> Em qualquer planejamento estratégico o marketing tem papel fundamental para o seu sucesso

1. Marketing deve ter uma visão lateral, integrando áreas e estratégias de produtos.
2. O marketing precisa sempre estar alinhado às estratégias corporativas e de negócios da organização, e, obviamente, com a busca de *performance* financeira.
3. O planejamento de marketing deve considerar o dinamismo de mercado.

Limitações e recomendações de futuros estudos

O estudo conduzido, sendo analítico e exploratório, verificou a necessidade de as empresas proporcionarem educação corporativa para entendimento da cultura desejada. Com isso, atingirão metas incorporando e adquirindo um comportamento ideal para operacionalizar as estratégias com eficácia; caso contrário, serão engolidas ou perderão a sua eficácia, já que fazem parte do cenário de oceano vermelho em que todas elas vivem.

Fica a sugestão para pesquisas com maior profundidade dentro das empresas, preferencialmente realizando diagnósticos por setores para identificar em que situação se encontram e em que situação desejariam estar. A partir desse ponto, através de treinamentos, o comportamento seria mudado e consequentemente a cultura também ficaria uniforme e coesa.

As empresas devem realizar processo de socialização de novos membros, conforme Fleury (2012) aponta em seu livro *Cultura e poder nas organizações*, pois é crucial para a reprodução do universo simbólico que, através das estratégias de integração do indivíduo à organização, os valores e comportamentos sejam transmitidos e incorporados pelos novos membros.

Dessa forma, os programas de treinamento e integração de novos funcionários são fundamentais independentemente do tipo e formato da organização.

Segundo Van Maanen, as organizações precisam desenvolver diferentes estratégias de socialização em função dos seus objetivos.

Segundo Fleury (2012), os rituais de socialização desempenham ao mesmo tempo papel de inclusão do indivíduo ao grupo e delimitação do processo de exclusão dos demais. Nas pesquisas conduzidas, ficou claro que esse processo se torna recomendável. Ou seja, é preciso envolver e comprometer as pessoas da empresa com a sua cultura.

O caso de fusões entre empresas é um outro assunto que requer especial atenção em estudos de cultura organizacional, pois uma nova empresa resultante de duas culturas diferentes, como, por exemplo, a TAM brasileira e a chilena LAN, com comportamentos, hábitos e crenças distintos, afeta o planejamento estratégico que é vital para a sobrevivência em um ambiente de oceano vermelho, como é o setor de transporte aéreo.

Com influências externas vindas de diversos sistemas e subsistemas sociais distintos, as relações internas na nova empresa podem gerar uma cultura não desejável, como, por exemplo: rivalidades, preconceitos, concorrências, vaidades e resistências a mudança. Nesse caso, o treinamento corporativo deve ter destaque.

O foco do treinamento é disseminar conhecimentos e deve ser de cima para baixo, ou seja, os gestores líderes é que devem ser os multiplicadores da cultura desejada, pois a cultura não muda de uma hora para outra – o processo de fusão é lento.

Hoje, o valor da marca deve ser contabilizado no balanço das empresas segundo recomendação da Comissão de Valores

Mobiliários (CVM). Quem sabe, em um futuro próximo, possa ser também estabelecida uma valoração da cultura organizacional de uma empresa para efeito do seu valor de mercado.

Dessa maneira, a cultura organizacional é uma forma de aferição da maior ou menor capacidade de alavancagem estratégica de uma empresa. E a aquisição de empresas poderá ser norteada em função da sua cultura organizacional como capacidade estratégica.

Resumo

A cultura organizacional não se constitui apenas em um emaranhado de intenções e normas estáticas. Longe disso, a cultura deve ser um retrato falado que se movimenta em função de novas lideranças internas e de novos desafios a serem vencidos. Portanto, a cultura estabelecida pelo fundador é apenas a base de um processo contínuo. A compra de uma empresa pode ser vista não apenas como uma oportunidade financeira e de crescimento em um mercado, mas pode, isso sim, se constituir em uma oportunidade de obter uma cultura diferenciada e, portanto, servir de alavanca para o sucesso. A cultura organizacional deve ser vista como um capital de capacidades estratégicas. E a aquisição de uma empresa pode ser vista também como uma maneira de obter conhecimentos diferenciados estabelecidos por culturas organizacionais dinâmicas e potencializadas.

Uma analogia dos resultados obtidos junto a empresas aéreas pode ser realizada para outros segmentos de mercado.

Conclusões

Ações estratégicas de marketing

O crescimento de uma empresa não é o retrato falado apenas de uma oportunidade conquistada, mas deve estar relacionado com o dimensionamento de forças oriundas de uma cultura organizacional bem trabalhada, que possa alavancar um desenvolvimento contínuo.

Ao se estabelecer um planejamento estratégico, as ações de estratégias de marketing devem ser estabelecidas a partir da cultura da organização para definir um norte para a alocação de recursos e otimizar conquistas de mercado e de lucro. Os objetivos, baseados em crenças e visões, fazem parte do processo de alinhar ideais com possibilidades e resultados com o sucesso. Pensar positivo, agir com discernimento é parte do processo de gestão apoiado em uma cultura bem negociada e disseminada internamente. E a gestão estratégica se torna consequência de uma cultura organizacional bem estabelecida.

Com base nas três pesquisas conduzidas: (1) pesquisa em profundidade com três principais gestores de empresas aéreas; (2) pesquisa com gestores das empresas; (3) pesquisa utilizando meios eletrônicos, pode-se concluir que os pressupostos básicos investigados: (1) a cultura da organização se inicia com a visão do fundador; (2) a cultura e as subculturas de uma organização evoluem com o tempo em função dos vários desafios por que passa a empresa; (3) a cultura da organização sofre a influência de novos atores, ou seja, novos gestores que adentram a empresa ao longo dos anos não podem ser negados, pois foram considerados como válidos pelos entrevistados nas três pesquisas.

Foi possível obter uma visão geral analítica sobre a cultura organizacional nas três principais empresas de transporte aéreo, conseguindo identificar os elementos da cultura, bem como a importância da cultura para o planejamento estratégico de cada empresa.

Com relação às subculturas, os entrevistados afirmaram tanto na pesquisa em profundidade junto a diretores quanto nos questionários que a cultura ainda não está disseminada adequadamente na maioria das empresas. E que algumas pessoas agem de acordo com seus princípios acima dos objetivos.

Por outro lado, esses novos funcionários deveriam ser orientados a perceber a forma correta de pensar e sentir, integrados e mais bem adaptados, e com isso entender a cultura.

Nas entrevistas realizadas com os gestores, eles demonstraram pouco conhecimento sobre cultura organizacional. Comentaram que sob o ponto de vista do fundador ela tem que ser preservada.

Não acreditam em heróis nem em mitos, preocupam-se com a liderança, consideram a sustentabilidade como um alicerce da cultura e que ela está ligada ao desenvolvimento. Admitem subculturas e estão preocupados em unificar a cultura em torno do comportamento que leva ao sucesso.

Todos os gestores acreditam em mudança cultural, o que é um fato positivo diante de tantas subculturas presentes no setor, pois se existem várias culturas, isso permeia a ideia de cultura como organismo vivo e passível de mudanças.

Ficou evidente que o fiel cumprimento do planejamento estratégico de uma empresa é condição necessária para que ela possa, com sucesso, desempenhar sua missão e garantir sua longevidade, pois a cultura empresarial desenvolve-se ao longo dos anos, sendo, de todos os aspectos e parâmetros que cercam o negócio da empresa, um dos itens cuja mudança/transformação mais demandam tempo. Não se consegue modificar a cultura de uma empresa de uma hora para outra, mesmo quando ela atravessa crises profundas.

Reunindo os conceitos, entendemos que, se não houver ingredientes na cultura empresarial que apontem de modo efetivo a todos os envolvidos (todos da empresa, em seus diversos níveis, mais *stakeholders* associados) a importância do cumprimento dos objetivos estratégicos a ela associados, a condição necessária para o bom cumprimento da missão da empresa não será observada, o que vai impor vulnerabilidades consideráveis para sua longevidade.

Em resumo, assim, um termo muito importante encontrado na missão e visão estabelecidas pelas empresas – longevidade assegurada – fica muito prejudicado e, provavelmente, pode ser considerado "letra morta" nos documentos basilares de criação da empresa quando não existem elementos efetivos em sua cultura ligados ao cumprimento de seus objetivos estratégicos.

Observamos na pesquisa que o ambiente das organizações sofre influências que afetam as crenças e os significados necessários para estabelecer uma cultura baseada em comportamentos, hábitos e costumes.

Mas quase todas as empresas de transporte aéreo possuem culturas similares devido à miscigenação de funcionários originários de outras empresas, até mesmo das já fora de operação. Portanto esse dado permitiu que este trabalho pudesse generalizar as opiniões encontradas, as crenças e os significados, pois houve repetição de respostas durante as entrevistas, provavelmente devido a mesma área de atuação desses entrevistados. Ou seja, uma grande maioria de funcionários de uma empresa é oriunda de outras empresas do setor aéreo.

Está demonstrado que existe uma mudança cultural não só em uma empresa mas em todas as empresas de transporte aéreo, devido ao crescimento acelerado, miscigenação e novas estratégias em função da competitividade e a criação de subculturas levando a multiculturas, que, sem dúvida, estão conduzindo para uma nova cultura alicerçada nos ideias de seu fundador, porém com algumas modificações em função de fusões e aquisições presentes em todas as empresas que passam pelo processo que foi o objeto deste estudo.

A cultura organizacional se alinha aos elementos estratégicos para a empresa viabilizar-se no mercado e rentabilizar sua operação. Aos ideais do fundador se associam os novos valores culturais, decorrentes de novos atores que adentram a organização e mesclam a cultura do fundador com novos valores.

Dessa maneira, o diagnóstico da cultura permite identificar quais são os valores de (padrões de comportamento), de (crenças) e pressupostos (valores, verdades). Também permite identificar os componentes visíveis, que são sempre orientados pelos aspectos organizacionais, ou componentes ocultos, que são sempre orientados pela emoção e situações afetivas, bem como identificar os preceitos implícitos e os explícitos, tais como normas, regulamentos, costumes, tradições, símbolos, estilos de gerência, tipos de liderança, políticas administrativas, estrutura hierárquica, padrões de desempenho e ainda a tecnologia (instrumentos e processos utilizados). Máquinas, equipamentos, *layout*, distribuição e métodos de trabalho que compõem o DNA da organização e ainda o caráter (manifestação dos indivíduos), ou seja, como os indivíduos se comportam dentro da organização, ou seja, como os indivíduos têm participação, criatividade nos grupos informais, seus medos, tensões, apatia, agressividade, ou comodismo.

Enfim, a identificação da cultura da organização e o seu alinhamento com os ideais de seus fundadores mesclados com os de seus seguidores permitem formular ações estratégicas de crescimento e participação de mercado que rentabilizem a operação e otimizem os objetivos buscados pela organização.

Uma empresa aérea, por exemplo, tem sua cultura fortemente apoiada em tecnologia de operação, normas de procedimento, regulamentos e políticas administrativas, todos dentro de um padrão de desempenho rigidamente estabelecido na estrutura hierárquica, mas o seu DNA, que se caracteriza fortemente pelos ideais do fundador, pode, na medida em que novos valores são introduzidos na cultura organizacional, provocar uma ruptura de padrões de comportamento e um sério comprometimento do seu desempenho. Veja abaixo o que foi percebido:

1. Há fortes indícios da presença da cultura organizacional nas empresas A, B e C.
2. Ficaram evidenciados indícios da presença de subculturas nas empresas A, B e C.
3. Os gestores não demonstraram muito bom conhecimento sobre o assunto cultura organizacional e responderam de forma acadêmica.
4. Não ficaram identificadas diferenças de opinião entre os gestores das três empresas aéreas acerca da presença da cultura organizacional.
5. Há a presunção de que a cultura organizacional permeia o planejamento estratégico das três empresas.
6. Os funcionários demonstraram desconhecimento da identidade cultural da empresa (cultura organizacional), tanto que a maioria admite a presença de subculturas que foram identificadas nas entrevistas.
7. Foi também identificado que a percepção de cada funcionário é subjetiva, isto é, nem sempre a percepção que ele tem é a mesma do grupo.

Com essas conclusões, poderemos entender que os integrantes das organizações pesquisadas possuem o DNA da cultura que eles trazem de outras empresas, e nem sempre eles identificam a cultura do fundador e do consenso geral. Então, existem várias culturas que compõem a cultura da organização e cada novo funcionário traz para a empresa o histórico que tem da outra.

A visão está permeada entre a visão do fundador e a dos novos funcionários e a miscigenação dos novos atores com as suas várias subculturas.

Ações estratégicas

A maioria das empresas aéreas foi fundada por pilotos ou influenciada por estes, e, em consequência, trouxeram uma visão operacional e nem sempre se mesclaram com subculturas. Com os novos atores que foram adentrando a essas empresas ao longo do tempo, é de se supor que essa miscigenação de culturas pode ter sido um entrave para a continuidade operacional dessas organizações, o que provavelmente foi a causa do fechamento de algumas das grandes empresas aéreas.

Limitações e recomendações de futuros estudos

As pesquisas conduzidas junto às principais empresas aéreas de forma analítica e exploratória constataram a necessidade das organizações em geral e não apenas as aéreas de investirem em educação corporativa. Essa pode ser a rota para a obtenção de uma negociada evolução da cultura organizacional e com isso atingir as suas metas de participação de mercado, de lucro e de prosperidade.

Numa atuação passo a passo, é preciso incorporar e adquirir um comportamento das pessoas que permita operacionalizar as estratégias com eficácia, sobretudo quando a empresa navega em um cenário de oceano vermelho, como é o caso atual em que todas as empresas aéreas se encontram mergulhadas.

Sugerimos que as empresas conduzam com uma certa periodicidade pesquisas com maior profundidade, preferencialmente com base em diagnósticos setoriais, para identificar como cada empresa se encontra e como ela desejaria ou precisaria estar.

Além de diagnosticar com frequência a cultura organizacional, as empresas devem realizar o processo de socialização de novos membros, conforme Fleury (2012) aponta em seu livro *Cultura e poder nas organizações*, pois é crucial para a reprodução do universo simbólico que, através das estratégias de integração do indivíduo à organização, os valores e comportamentos sejam transmitidos e incorporados pelos novos membros.

Os programas de treinamento e integração de novos funcionários devem ter formatos e durações diversos de acordo com cada organização.

Segundo Fleury (2012), os rituais de socialização desempenham ao mesmo tempo papel de inclusão do indivíduo ao grupo e delimitação do processo de exclusão dos demais. Esse processo de socialização não foi identificado nas pesquisas e, portanto, é recomendável que isso ocorra.

Um outro aspecto importante diz respeito às fusões entre empresas. Esse assunto requer atenção especial em futuros estudos, pois duas culturas diferentes, como, por exemplo, a TAM brasileira e a chilena LAN, possuem comportamentos, hábitos e crenças distintos. Isso afeta o planejamento estratégico da resultante LATAM, que se situa em um ambiente de oceano vermelho, de elevada concorrência e baixa rentabilidade.

A fusão dessas duas empresas com culturas diferentes, com possíveis influências externas vindas de diversos sistemas e subsistemas sociais, pode gerar uma cultura não desejável, como, por exemplo: rivalidades, preconceitos, concorrências internas, vaidades e resistência à mudança.

Neste caso específico, o treinamento corporativo pode desempenhar um papel relevante na integração de conhecimentos e deve ser de cima para baixo, isto é, cabe aos gestores líderes o papel de multiplicadores da cultura desejada.

Vale lembrar, de acordo com os resultados da pesquisa e também com base em conceitos teóricos, que a cultura não muda de uma hora para outra, pois o processo é lento.

A presente abordagem não encerra o tema, pelo contrário, mas objetiva apontar a necessidade de ações baseadas em outras dimensões e abordagens que possam confirmar o estudo com maior abrangência.

Hoje, por exemplo, o valor da marca de uma empresa deve ser contabilizado no balanço das empresas segundo recomendação da CVM. Quem sabe em futuro próximo possa ser também estabelecida uma mensuração do valor da cultura organizacional de uma empresa para efeito do seu valor de mercado. Ou seja, empresas com cultura organizacional equilibrada e otimizada podem ter valor de mercado maior.

Dessa maneira, a cultura organizacional é uma forma de aferição da maior ou menor capacidade de alavancagem estratégica de uma empresa. E a aquisição de empresas poderá ser norteada em função da sua cultura organizacional como capacidade estratégica.

Síntese de sugestões para futuros estudos

1. Estudar com mais profundidade o DNA da organização com base na influência dos fundadores, suas visões e ações estratégicas.
2. Procurar compreender o processo evolutivo da cultura em uma organização face à entrada de novos atores.

8

EPÍLOGO

NEUSA MARIA BASTOS FERNANDES DOS SANTOS

É professora Titular da Pontifícia Universidade Católica de São Paulo na FEA/PUCSP. Pós-doutorado na McGill University (Canadá) com o apoio do International Council of Canadian Studies (ICCS), doutorado em Controladoria e Contabilidade pela USP (1992), mestrado em Administração pela USP (1984), graduação em Administração de Empresas pela USP (1974). Fulbright scholar (CIES/USA) na Business School of the University of Michigan/Ann Arbor (UMI).Visiting fellow em universidades canadenses com apoio do International Council of Canadian Scholars (ICCS, Otawa). Título de Professora Honoris Causa (2012). Personalidade homenageada pelo CRASP e FECONTESP. Bolsista Produtividade CNPq. Orienta alunos de pós-doutorado, doutorado, mestrado e iniciação científica. Autora de livros, capítulos, trabalhos completos apresentados em congressos e artigos publicados em periódicos científicos de âmbitos internacional e nacional. Coordenadora de Programa de Pós-Graduação Stricto Sensu em Ciências Contábeis e Financeiras/PUCSP e Docente Permanente do Programa de Pós-Graduação Stricto Sensu em Administração/PUCSP. Membro de conselhos editoriais de revistas científicas. Líder de Grupo de Pesquisa Certificado/CNPQ. Consultora Adhoc para agências de fomento (FAPESP, CAPES) e órgãos públicos educacionais, como Conselho Estadual da Educação de São Paulo (CEE-SP) e INEP. Presidente do Conselho Diretor da Associação Brasileira de Editores Científicos (ABEC). Presidente do Conselho Científico da Sociedade Brasileira de Gestão do Conhecimento (SBGC). Membro da Mesa Diretora Nacional da Associação Brasileira de Estudos Canadenses (ABECAN) e Coordenadora do Núcleo de Estudos Canadenses/NEC/PUCSP. Membro da Comissão de Avaliação da Área de Administração e Contabilidade/CAPES. Membro do Júri Prêmio Franklin Delano Roosevelt/USA. Conselheira Científica SCIELO. Conselheira da Comissão de Ética e Pesquisa/CHS da CONEP. Membro do Conselho Fiscal Fulbright Commission no Brasil. Membro da Comissão de RH do IBGC. Membro da Mesa Diretora do CRASP. Coordenadora do Fórum de Ciências Humanas, Sociais e Sociais Aplicadas da ABEC.

O contexto da economia globalizada acirra nas organizações a busca frequente por novas competências, visando garantir a própria perenidade do negócio. Manter-se em um mercado cada vez mais competitivo e exigir níveis adequados de bom desempenho operacional, econômico e financeiro têm sido um grande desafio para todas as empresas, independentemente de seu porte e atuação. O momento nacional sinaliza que, hoje, são em grande número as instituições de diferentes segmentos e setores que planejam ou necessitam redesenhar seus processos, redefinir novas estratégias e traçar mudanças em sua cultura organizacional para poderem atingir as metas desejadas pelo empresário ou pelos seus acionistas.

Esse cenário como pano de fundo demandará múltiplas e complexas ações gerenciais que se voltam tanto para o ambiente interno como para o ambiente externo no qual a empresa está inserida.

Ao longo dos capítulos anteriores deste livro, o fio condutor de seus autores foi sempre o de mostrar a importância da cultura organizacional e a necessidade de esta cultura estar alinhada à gestão estratégica corporativa.

Uma síntese das principais conclusões e ações estratégicas é apresentada a seguir, como fruto desta pesquisa realizada junto aos principais gestores de empresas aéreas estudadas e em âmbito nacional.

a) A cultura geral e a cultura específica do tipo de negócio em que uma empresa atua precisam estar disseminadas entre funcionários, fornecedores e acionistas.
b) As ações estratégicas de sucesso se apoiam em conhecimentos diversos e específicos a cada tipo de negócio. Por esta razão nunca é demais investir em programas de treinamento para que a cultura fique sedimentada na organização.
c) Desenvolver competências com base em cultura pode ser a chave do negócio. Uma empresa aérea, por exemplo, tem sua cultura fortemente apoiada em tecnologia de operação, por meio de normas de procedimento, regulamentos, políticas administrativas, todas dentro de um padrão de desempenho rigidamente estabelecido pela estrutura hierárquica. Mas o seu DNA, que se caracteriza fortemente

pelas ideias do fundador, pode, na medida em que novos valores são introduzidos na cultura organizacional, provocar uma ruptura de padrões de comportamento e um sério comprometimento no desempenho da empresa.

d) A cultura organizacional é, portanto, uma arma poderosa para unir ideais, objetivos e recursos para transformar os elementos da organização em resultados de crescimento e ampliação de participação no mercado. A competente gestão de culturas organizacionais, dentro de uma mesma empresa ou unidade de negócios, se constitui em um fator-chave estratégico.

e) A história da aviação comercial brasileira remete, portanto, à necessidade de uma reflexão estratégica acerca de uma política de transportes aéreos que respeite a cultura das organizações e imponha critérios para uma atividade mais consolidada e perene. Por outro lado, a preservação dos valores da cultura organizacional, seus ritos, mitos e seu histórico devem remeter à preocupação constante com a continuidade da empresa. E isso implica adotar dispositivos de preservação e estratégias de consolidação; mais do que isso, é preciso que todos na empresa se unam em defesa de suas salvaguardas que permitam a sobrevida e o crescimento.

f) O DNA de uma empresa aérea é fortemente influenciado pelo estilo gerencial de seu fundador. A cultura organizacional é a base do planejamento estratégico e é um movimento dinâmico que evolui com o tempo e com os novos gestores.

g) A cultura pressupõe valores, recursos e conhecimentos que devem ser direcionados para os objetivos de mercado. Crescer, por exemplo, é uma tarefa que não é fácil, se a empresa não dispuser de pessoas preparadas e competentemente alinhadas com os objetivos e recursos da organização. Mais do que recursos tecnológicos, financeiros ou produtivos, uma empresa precisa cuidar do desenvolvimento e aprimoramento de sua cultura organizacional, como sendo o seu maior patrimônio. Preservar e ampliar a marca da empresa e seus produtos no mercado é tão importante quanto zelar por uma cultura fortalecida por valores substantivos.

h) O caso de fusões entre empresas é outro assunto que requer especial atenção em estudos de cultura organizacional, pois uma nova empresa resultante de duas culturas diferentes, como, por exemplo, a TAM brasileira e a chilena LAN, com comportamentos, hábitos e crenças distintos, afeta o planejamento estratégico, que é vital para a sobrevivência em um ambiente de oceano vermelho, como é o setor de transporte aéreo. A fusão de duas empresas com culturas diferentes, com possíveis influências externas vindas de diversos sistemas e subsistemas sociais, pode gerar uma cultura não desejável, como, por exemplo, com rivalidades, preconceitos, concorrências internas, vaidades e resistências à mudança.

i) O diagnóstico da cultura permite identificar quais são os valores (padrões de comportamento), as crenças e os pressupostos (verdades). Também permite identificar os componentes visíveis, que são orientados pelos aspectos organizacionais, ou componentes ocultos, que são orientados pela emoção e situações afetivas. Visa identificar os preceitos implícitos e os explícitos, tais como normas, regulamentos, costumes, tradições, símbolos, estilos de gerência, tipos de liderança, políticas administrativas, estrutura hierárquica, padrões de desempenho e ainda a tecnologia (instrumentos e processos utilizados), equipamentos, *layout*, distribuição e métodos de trabalho que compõem o DNA da organização, além do caráter (manifestação dos indivíduos), ou seja, como os indivíduos se comportam dentro da organização: sua participação, criatividade, tensões, apatia, agressividade ou comodismo.

j) Ao se estabelecer um planejamento estratégico, as ações de estratégias de marketing devem ser instauradas a partir da cultura da organização para definir um norte para a alocação de recursos e otimizar conquistas de mercado e de lucro. Os objetivos, baseados em crenças e visões, fazem parte do processo de alinhar ideais com possibilidades e resultados com o sucesso. Pensar positivo e agir com discernimento é parte do processo de gestão apoiado em uma cultura bem negociada e disseminada internamente. E a gestão estratégica se torna consequência de uma cultura organizacional estabelecida.

Cultura como Recurso Estratégico: a interlocução internacional

Mintzberg *et al.* (2000), renomado acadêmico da McGill University (Canadá), em seu livro *Safári da estratégia* apresenta dez escolas do pensamento estratégico, que são agrupadas em estratégias prescritivas ou descritivas.

As escolas do *design*, de planejamento e de posicionamento enquadram-se como prescritivas e explicitam as intenções estratégicas. Já nas demais escolas as estratégias são descritivas, provindas da compreensão dos membros da organização, dessa forma, em vez de formulação, tem-se a formação da estratégia. Na formulação da estratégia, há uma separação do pensar e do agir, valorizando-se o pensar e delegando o agir a um nível hierárquico inferior na organização. Em contrapartida, na formação da estratégia há uma socialização no processo decisório, que permite uma abordagem holística dos problemas enfrentados pelas organizações. Uma das escolas do pensamento estratégico apresentada por Mintzberg *et al.* (2000) é a Escola Cultural, que mostra a conexão entre a cultura organizacional e a estratégia corporativa.

As estratégias, segundo a Escola Cultural, podem ser estruturadas de duas maneiras, segundo Mintzberg:

1) **Posição subjetiva:** interpretação baseada na adaptação organizacional.
2) **Posição objetiva:** razões do comportamento, devidas ao caráter único dos relacionamentos sociais e econômicos.

A posição subjetiva é defendida pelo Instituto Escandinavo de Pesquisa Administrativa, fundado em 1965. A metodologia empregada é de inferência a partir de estudos profundos de casos, tendo como principal preocupação a adaptação da organização ao seu ambiente. A "adequação", conforme Rhenman (1973), pode ser conquistada por: a) Mapeamento: ao refletir o ambiente; b) Casamento: ao complementar o ambiente; c) Consulta: ao explorar, em conjunto, o ambiente comum; e d) Domínio: ao projetar seu mapeamento no ambiente. No final dos anos 1970, os integrantes do Instituto Escandinavo de Pesquisa Administrativa dispersaram-se, encerrando o veio da Escola Sueca.

A posição objetiva parte da ideia de "cultura material", que deriva da interação pelo trabalho das pessoas com os recursos tangíveis, tais como ferramentas e máquinas. Dessa interação resultam objetos que refletem as crenças e os valores dos indivíduos que os fabricam, que os compram e que os usam, bem como as crenças e os valores da própria sociedade.

Kotter e Heskett (1992) fizeram vários estudos, todos financiados pela divisão de pesquisa de Harvard Business School, buscando evidências empíricas do impacto da cultura organizacional sobre a estratégia e o desempenho econômico organizacional a longo prazo. De modo mais específico, seus autores apresentaram suas conclusões embasadas em três perspectivas. A Teoria I que associa *culturas fortes* a desempenho excelente, como o caso da IBM; A Teoria II expõe de forma explícita a direção que as culturas precisam adotar, ou seja, *as culturas precisam ser estrategicamente ajustadas*. A cultura é boa apenas quando "se ajusta" a seu contexto, ou seja, ao segmento de seu ramo da indústria especificado pela estratégia da firma, ou pela estratégia de negócios em si, como o caso da Northwest Airlines. Por último a Teoria III, cuja lógica básica trata diretamente da cultura e da questão da adaptação, ou seja, *culturas adaptáveis*. Somente culturas que ajudam as organizações a prever e a se adaptar às mudanças ambientais associam-se a um desempenho excelente por um tempo prolongado, como o caso da 3M.

Para a Teoria I, a mais famosa empresa de cultura forte provavelmente é a IBM. Já em meados da década de 1930, os empregados da

IBM tinham fama de ser leais e bastante motivados. Havia um surpreendente consenso a respeito de como conduzir os negócios. Esta filosofia valorizava acima de tudo: (1) o respeito pela dignidade e pelos direitos de cada um dos funcionários da firma; (2) a prestação do melhor serviço aos clientes de todas as empresas do mundo; e (3) a realização de todas as tarefas com o objetivo de executá-las de forma excelente. Tom Watson, Sr. é considerado o maior responsável por essa cultura. Em 1962, o seu filho e sucessor como presidente da IBM, Tom Watson, Jr., defendeu a perspectiva de uma cultura forte em um discurso na Universidade de Columbia. Disse ele:

> "A filosofia, o espírito e o desejo básicos de uma organização têm muito mais a ver com as suas conquistas relativas do que com os recursos econômicos ou tecnológicos, a estrutura organizacional, a inovação e o senso de oportunidade. Todas essas coisas pesam bastante para o sucesso. Porém são, creio eu, superadas pela força com que o pessoal da organização acredita em seus conceitos básicos, e pela lealdade com que os cumpre."

Para a Teoria II, a Northwest Airlines é um exemplo relevante. Antes da desregulamentação de 1979, a sua estratégia e cultura de corte de custos com orientação financeira ajustavam-se razoavelmente bem em uma indústria de alta regulamentação. Depois da desregulamentação, sob condições cada vez mais competitivas, o fraco serviço oferecido aos clientes prejudicou o desempenho econômico. As práticas tradicionais de relações com a mão de obra da Northwest dificultaram a implementação de uma nova estratégia de serviço aos clientes. No fim, a única ação que pareceu viável à administração voltada para as finanças foi uma grande aquisição (Republic Airlines, em 1986). Mas essa ação prejudicou ainda mais o desempenho durante alguns anos, porque teve de ser feito um enorme esforço interno para a fusão das duas organizações, em especial com relação aos funcionários mais antigos protegidos pelo sindicato. Como resultado, uma companhia de aviação que ganhara quase US$ 430 milhões entre 1973 e 1980 obteve lucros totais de apenas pouco mais da metade disso durante os sete anos seguintes.

A 3M é também uma das favoritas entre os defensores da Teoria III, talvez porque, com mais consciência do que muitas empresas, ela tente promover uma cultura que possa lidar com o mundo em mudanças. A firma tem uma cultura de estar disposta a financiar iniciativas de bom retorno e desenvolvimento, mesmo se tiverem origem nos escalões inferiores da organização. Orgulha-se de estar disposta a avaliar novas ideias abertamente e, então, assumir riscos de forma prudente. No processo, cria importantes novos negócios.

De modo mais específico, as pesquisas de Kotter e Heskett (1992) mostram que:

1) A cultura corporativa pode ter impacto significativo no desempenho a longo prazo de uma firma. Descobrimos que empresas com culturas que enfatizam todos os interessados (clientes, acionistas e empregados) e a liderança de gerentes em todos os níveis superavam com grande margem as firmas que não possuíam esses traços culturais.
2) É provável que na próxima década a cultura corporativa seja um fator ainda mais importante para determinar o sucesso ou fracasso das firmas. Culturas que degradam o desempenho têm impacto financeiro negativo por muitas razões, sendo a mais significativa a tendência de impedir as firmas de adotarem as necessárias mudanças estratégicas ou táticas. Em um mundo que muda a passos acelerados, seria de se prever que, na próxima década, as culturas não adaptadas terão um impacto financeiro negativo ainda maior.
3) Não são raras as culturas corporativas que impedem um sólido desempenho financeiro a longo prazo. Desenvolvem-se, sem dúvida, mormente em firmas cheias de pessoal inteligente e sensato. Culturas que incentivam um comportamento inadequado e inibem a mudança para estratégias mais apropriadas tendem a se desenvolver vagarosamente por alguns anos, e isso ocorre em geral quando as firmas estão tendo um bom desempenho. Uma vez que essas culturas existam, pode ser dificílimo mudá-las, porque, com frequência, são invisíveis para as pessoas

envolvidas, pois ajudam a apoiar a estrutura de poder existente na firma e por muitas outras razões.

4) Embora difíceis de mudar, é possível fazer com que as culturas corporativas se voltem mais para o desempenho. Tal mudança é complexa, leva tempo e exige liderança. Esta liderança precisa ser orientada por uma visão realista no sentido de identificar quais atributos da cultura devem estimular o melhor desempenho.

Outra contribuição internacional que merece destaque e ilustra a importância da cultura e da estratégia como um fator importante nas empresas bem-sucedidas é o livro de Peters e Waterman (1982) intitulado *In search of excellence*. A amostra de empresas selecionadas na pesquisa dos autores foi definida após a utilização de alguns critérios preestabelecidos:

Peters e Waterman, in Santos (2000), entrevistaram administradores, executivos, acadêmicos e também usaram critérios tradicionais de desempenho econômico para selecionar as organizações. Combinando todas essas informações, 62 empresas foram selecionadas e estudadas em seus detalhes.

Os oito atributos ou princípios que emergiram caracterizando as empresas de melhor desempenho no estudo de Peters e Waterman foram:

- tendência para a ação;
- proximidade do cliente;
- autonomia e liderança empresarial, no sentido de estruturar a organização em pequenas companhias e encorajá-las a pensar com independência e competitividade;
- produtividade através das pessoas, participando com as mesmas os resultados alcançados;
- compartilhamento de valores básicos;
- permanência em negócios ou atividades que a empresa mais conhece e domina;

- manutenção de uma estrutura organizacional "enxuta", não "inchada", retratando poucos níveis administrativos e um número pequeno de pessoas nas camadas hierárquicas mais altas;
- encorajamento de crenças e valores positivos que caracterizam a companhia.

Os autores também concluíram em seu relatório que

> "todas as organizações com melhor desempenho, que foram relacionadas no estudo, tinham um conjunto bem definido de crenças que as guiavam. As instituições com pior desempenho, por outro lado, eram marcadas por uma destas duas características, isto é, muitas não tinham um conjunto de crenças coerentes e outras apresentavam objetivos diferenciados e amplamente discutíveis." (p. 281).

Alguns exemplos específicos no conjunto de valores dominantes das empresas bem-sucedidas são citados por Peters e Waterman, tais como: crença em ser o melhor; crença na importância das pessoas como indivíduos; crença na qualidade e serviços superiores; crença na importância das ideias inovadoras; crença na importância da informalidade para facilitar a comunicação; crença no reconhecimento da necessidade de crescimento econômico e de lucros.

Da mesma forma que as nações e sociedades, as organizações também são diferentes e variadas. Elas possuem culturas diversas refletidas em diferentes estruturas e conjunto de sistemas.

Na verdade, cada organização desenvolve seus mecanismos próprios de adaptação e padrões de comportamento para lidar com os problemas que emergem do ambiente externo e da integração interna.

Relação Cultura Organizacional e Estratégia: a interlocução no Brasil

O desafio de examinar e estudar a cultura organizacional e a gestão estratégica, cujos resultados foram relatados neste livro, que teve como foco o funcionamento e a operação das empresas de transporte aéreo regular, também encontraram respaldo em outras pesquisas que delimitaram o mesmo problema e tema.

Degenhardt (2006) buscou a relação entre estratégia competitiva e cultura organizacional em empresas brasileiras produtoras de equipamentos mecânicos pesados e analisar seu alinhamento. O referencial teórico usado para identificar as estratégias competitivas foi a tipologia de Miles e Snow (2003). Para decifrar a cultura organizacional, utilizou-se o Modelo de Valores Competitivos de Quinn e Rohrbaugh (1983), que foi aplicado no Brasil pela primeira vez, por Santos (2000), para o estudo de culturas em empresas nacionais.

A premissa é de que a cultura, com sua força de impulsionar os membros para um propósito comum, é capaz de repassar competências para outros membros e, assim, ajudar a complementar uma estratégia competitiva. Certas culturas organizacionais estariam mais sincronizadas com determinadas características estratégicas e favoreceriam seu alinhamento.

A pesquisa de campo seguiu a metodologia do estudo múltiplo de casos, envolvendo sete empresas grandes e sete empresas pequenas e médias do setor produtor de equipamentos pesados. A investigação foi quantitativa, realizada por meio de questionários e complementada com entrevistas.

O estudo revelou que a grande maioria das empresas estudadas possui uma estratégia competitiva defensiva, característica da maturidade alcançada pelo setor. Sua visão é conservadora no desenvolvimento de novos produtos, preocupando-se mais em desenvolver a eficiência para diminuir custos e garantir seu mercado. A maioria das empresas apresentou uma cultura racional, que se orienta ao meio ambiente e a uma centralização das decisões, preocupando-se, sobretudo, em alcançar metas. A razão instrumental é uma característica do gestor na sua luta para mostrar resultados aos acionistas.

Santos (2000) buscou estudar a relação entre cultura organizacional e a estratégia de melhor desempenho organizacional com uma amostra de empresas brasileiras do setor têxtil nacional. Os resultados apontaram a tipologia cultural das empresas estudadas e comprovaram que a força cultural tinha impacto no desempenho organizacional das mesmas. A autora foi a primeira investigadora deste tema aqui no Brasil e sua pesquisa pioneira incentivou muitos outros estudos nesta mesma direção, ou seja, a de buscar a relação entre cultura e desempenho e estratégia corporativa.

Os perfis culturais exigidos pelas empresas do setor têxtil nacional de melhor desempenho são de *culturas fortes*, embora estas organizações também apresentassem um porte relativamente maior, pelo critério de números de subordinados.

As maiores empresas mostraram-se mais preparadas para responder a novas realidades de mercado, aumentando suas exportações. As empresas de porte menor tiveram que amargar e absorver em maior extensão esta nova situação, pois estavam menos preparadas para adaptarem, de pronto, suas estruturas e recursos às novas estratégias de mercado.

A correlação entre maior força cultural e melhor desempenho encontra respaldo na hipótese do balanceamento do modelo utilizado. A pesquisa constatou que os melhores desempenhos foram retratados pelas empresas que também revelaram maior equilíbrio entre os quatro quadrantes da tipologia de Quinn, constituindo, assim, o grupo de maior força cultural. Conforme previsão do modelo, um maior espaço cultural preenchido deve representar uma maior capacidade de a empresa poder dar respostas organizacionais positivas ao amplo conjunto de fatores ambientais que com ela interagem.

A ênfase exagerada em algumas das formas de cultura, levando a instituição a ignorar as demais, gera o desequilíbrio entre os seus atributos, o que, perigosamente, vai conduzir a empresa aos pontos cegos ou zonas negativas decorrentes dos valores, crenças e premissas em excesso. Esta situação pode ser ilustrada para cada perfil cultural.

Tomemos como exemplo a cultura grupal, que é positivamente voltada para o desenvolvimento de recursos humanos e incentivos à busca de mais participação, abertura, envolvimento e preocupação com a moral. A preocupação exagerada em desenvolver e fazer aflorar os traços desta cultura em detrimento dos demais perfis pode trazer participação inapropriada, discussões improdutivas, individualismo descontrolado e excesso de permissividade entre os membros da organização, o que pode revelar-se como um atributo cultural negativo.

A cultura inovativa tem seu ponto cego também. No excessivo incentivo ao crescimento, dinamismo, criatividade, adaptabilidade, preocupação com inovação e com o ambiente externo, pode ocorrer a anarquia tumultuada, que gera conflitos e hostilidades, respostas antecipadas e imaturas aos problemas externos e o oportunismo político.

A cultura hierárquica que busca valores de maior consolidação, continuidade e estabilidade pode levar a aflorar seu lado negativo ou a burocracia congelada, que vai caracterizar-se pelo excesso de controle, comando, centralização, rigidez, conformidade com normas, regras e procedimentos.

Finalmente, a cultura racional, que positivamente enfatiza a competitividade, orientação para o lucro, o atingimento das metas e produção pode superenfatizar estes valores e crenças organizacionais e conduzir-se também para o seu ponto cego. Este se revela na exaustão humana, desgaste, esforço exagerado e opressão.

Cultura e Estratégia: diagnóstico, planejamento e alinhamento

Uma estratégia competitiva tem como finalidade orientar os esforços dos membros da organização na busca de um objetivo comum, que dependerá possivelmente da cultura organizacional da empresa. A cultura organizacional, por sua vez, é a identidade da empresa, na medida em que os valores compartilhados pelo grupo transformaram-se em pressupostos inconscientes que determinam como os membros do grupo percebem, pensam e agem (SCHEIN, 1985).

O paradoxo cultural frequentemente existe nas organizações. Este variado arranjo de valores ou combinações paradoxais é que dá às instituições culturas diferenciadas, que são refletidas através de manifestações próprias e particulares de cada uma delas. Peters e Waterman (1982) declaram que as empresas eficazes aprendem a administrar seus paradoxos.

Além disso, é relevante sempre ter em mente que o posicionamento cultural estratégico assumido pela instituição também é influenciado por fatores conjunturais externos mais abrangentes. A rigor, não é só a empresa que muda, mas toda a sociedade é que está em mudança. Tudo o que rodeia a empresa está em rápida transformação, desafiando-a a contínuas adaptações, mudanças e interferências em sua cultura organizacional.

Uma percepção inicial que este estudo aponta é que a grande maioria das empresas nacionais de aviação não tem culturas suficientemente alinhadas à sua estratégia organizacional para produzir excelente desempenho econômico a longo prazo, em um ambiente empresarial cada vez mais competitivo e mutável.

Para um melhor gerenciamento cultural e seu alinhamento estratégico, deve-se ter em mente as seguintes ações relevantes:

1) Desenvolvimento de lideranças com visão e energia necessárias para ousar e criar mudanças organizacionais desafiadoras como a própria mudança cultural.
2) Aprofundamento do processo de reflexão sobre o diagnóstico e a intervenção na cultura organizacional, o planejamento das ações estratégicas e a busca do alinhamento entre a cultura e a estratégia.
3) Oferta de cursos e programas de formação, treinamento e capacitação de gerentes que devem desenvolver nos líderes organizacionais habilidades fundamentais, como a: **cognitiva** (conhecimento especializado, técnicas, normas e procedimentos); **humana** (condições para o perfeito relacionamento interpessoal e intergrupal); **estratégica** (condições de fazer a organização funcionar como um todo sistêmico e voltado para o seu ambiente externo); e também a **habilidade organizacional**, que dá as condições de o gerente interpretar e compreender a cultura da

organização em que ele se insere e, se necessário, ser também um agente desta mudança organizacional.

4) Direcionamento de quê? Tempo e esforços no sentido de refletir sobre a realidade de uma cultura mais grupal e participativa. Reduzir níveis hierárquicos, aumentar as responsabilidades funcionais, atribuindo maior delegação, estimular a descentralização nas áreas mais congestionadas, promover a integração e a rapidez de informações são caminhos que vão permitir à empresa envolver mais os seus funcionários num processo de participação nas suas decisões. Este é, sem dúvida, o primeiro passo em direção a um processo mais amplo, que é implantar a participação dos empregados nos lucros ou nos resultados da empresa. Não estamos esquecendo e evidentemente temos em mente que o processo pode ser demorado, tendo em vista a diversidade de nossas empresas em termos de porte, tecnologia, estágio de evolução burocrática, de práticas e política de gestão de recursos humanos, bem como de cultura gerencial. Mas, mesmo assim, o momento exige, hoje, uma reflexão e um pensar cuidadoso visando a proposta de atuação no futuro.

5) As empresas do setor de aviação também devem refletir sobre a realidade de uma cultura mais inovadora e mais bem preparada para competir. O ambiente político-econômico-social que hoje emerge no Brasil aumentou o quadro da instabilidade, incerteza e insegurança conjunturais. Além disso, criou-se uma repressão da demanda interna, pela perda de poder aquisitivo do brasileiro, o que leva as empresas a quererem buscar maior participação em outros mercados externos. Com isso acabam por se deparar com um alto nível de competição em termos de preço, prazo e qualidade. Esta condição, sem dúvida, vai exigir que as empresas aprendam a operar em um cenário de alta competitividade e com maior número de novas restrições vindas continuamente de diversos agentes de mercado. Em um ambiente de negócios adverso, a capacidade de investir no futuro e promover ampla inovação é ainda mais

importante. Torna-se claro que posturas competitivas e inovadoras não são extravagâncias dos tempos favoráveis, mas necessidade para sobrevivência em épocas difíceis.

Por último, concluímos que a estratégia organizacional deve ampliar e aprofundar o processo de reflexão sobre o diagnóstico e a intervenção na cultura organizacional das empresas brasileiras, pois este alinhamento será inevitável para se atingir a excelência, a eficiência e a eficácia organizacional na corrida para expandir seu mercado interno, bem como seu mercado externo.

REFERÊNCIAS

ALVESSON, M. *Cultural perspectives on organizations*. Cambridge: University Press, 1993.

ARNOLD, Matthew. *Poetry and criticism of Matthew Arnold*. Boston: Houghton Mifflin, 1961.

BAGOZZI, Richard P. Marketing as exchange. *Journal of Marketing*, 39, 32-39, Oct. 1975.

______. Toward a formal theory of marketing exchanges. In: FERRELL, O. C.; BROWN S. W.; LAMB, JR., Charles W. (Ed.). Conceptual and theoretical developments in marketing. Chicago: American Marketing Association, 1979, p. 431-47.

BARBOSA, L. N. H. Cultura administrativa: uma nova perspectiva das relações entre antropologia e administração. *Revista de Administração de Empresas*, v. 36, nº 4, p. 6-19, 1996.

BARNEY, J. *Administração estratégica e vantagem competitiva*. São Paulo: Pearson Prentice Hall, 2007.

BARON, H. Strengths and limitations of "ipsative" measurement. *Journal of Occupational and Organizational Psychology*, v. 69, p. 49-56, 1996.

BERGE, J. M. F. A legitimate case of component analysis of ipsative measures, and partialling the mean as alternative to ipsatization. *Multivariate Behavioral Research*, v. 34, nº 1, p. 89-102, 1999.

BOURDIEU, Pierre. *A escola conservadora*: as desigualdades frente à escola e à cultura. Petrópolis: Vozes, 1998.

CAMERON, K. S.; QUINN, R. *Diagnosing and changing organizational culture*. Addison-Wesley, 1999.

CARPENTER, G. S.; NAKAMOTO, K. Consumer preference formation and pioneering advantage. *Journal of Marketing Research*, nº 26, p. 285-298, 1989.

CARPENTER, G. S.; GLAZER, R.; NAKAMOTO, K. Toward a new concept of competitive advantage. In: GREGORY, S.; CARPENTER, S.; GLAZER, R.; NAKAMOTO, K. (Ed.). *Readings on market-driving strategies*: towards a new theory of competitive advantage. Reading: Addison-Wesley, 1997.

CATTELL, R. B. Psychological measurement: normative, ipsative, and interative. *Psychological Review*, v. 51, p. 292, 1944.

CORTELLA, Mario Sergio. *Educação, escola e docência*: novos tempos, novas atitudes. São Paulo: Cortez, 2014.

CHRISTENSEN, C. M.; BOHMER, R.; KENAGY, J. Will disruptive innovations cure health care? *Harvard Business Review*, v. 78, nº 5, p. 102-117, 2000.

DE DOMENICO, Silvia Marcia Russi; LATORRE, Sidney Z.; TEIXEIRA, Maria Luisa Mendes. A relação entre tipos de cultura organizacional e valores organizacionais. In: ENCONTRO DA ANPAD 30., Salvador, 2006. *Anais...*

DEGENHARDT (2006). V. Epílogo de Neusa M. Bastos.

DRUCKER, P. *Desafios gerenciais para o século XXI.* São Paulo: Cengage Learning, 1999.

DUNCAN, W. J. Organizational culture: "getting a fix" on an elusive concept. *Academy of Management Executive*, v. 3, nº 3, Aug. 1989.

FERREIRA, J. M. Carvalho et al. *Psicossociologia das organizações.* Alfragide: McGraw-Hill, 1996.

FERRETTI, C. et al. *Novas tecnologias, trabalho e educação.* Petrópolis: Vozes, 1994.

FISCHERMANN, A. A.; ALMEIDA, M. I. R. *Planejamento estratégico na prática.* 2. ed. São Paulo: Atlas, 1991.

FLEURY, M. T. L. et al. *Cultura e poder nas organizações.* 2. ed. São Paulo: Atlas, 2012.

FREITAS, M. E. Cultura organizacional: grandes temas em debate. *Revista de Administração de Empresas*, v. 31, nº 3, p. 73-82, 1991.

GUARACY, T. *O sonho brasileiro.* São Paulo: A Girafa, 2003.

HICKS, L. E. Some properties of ipsative, normative, and forced-choice normative measures. *Psychological Bulletin*, v. 74, p. 167-184, 1970.

HINDLE, Tim. *Guia de ideias e técnicas de gestão.* Alfragide: Editorial Caminho, 2004.

HITT, Michael A.; HOSKISSON, Robert E.; IRELAND, R. Duane. *Administração estratégica.* 2. ed. São Paulo: Cengage Learning, 2008.

JICK, T. D. Mixing qualitative and quantitative methods: triangulation in action. *Administrative Science Quarterly*, v. 24, Dec. 1979.

KIM, W. C.; MAUBOURGNE, R. *A estratégia do oceano azul*. Rio de Janeiro: Campus 2005.

KOTLER, P. *Marketing management*: analysis, planning, implementation and control. 9. ed. Upper Saddle River: Prentice Hall, 1997.

KOTTER e HESKETT (1992). V. epílogo de Neusa M. Bastos.

KROEBER, A. L. *El estilo y la revolucion de la cultura*. Madrid: Guadarrama, 1999.

LINTON, Ralph. *Cultura e personalidade*. São Paulo: Mestre Jou, 1967.

LOURENÇO, C.; DONIZETE S.; FERREIRA, P. *Simbolismo, cultura organizacional e mito fundador*: um estudo de caso em uma empresa familiar. Salvador: Enanpad, 2006.

LUDKE, M.; ANDRÉ, M. E. D. A. *Pesquisa em educação*: abordagens qualitativas. São Paulo: EPU, 1996.

MAANEN, V. J. Processando as pessoas: estratégias de socialização organizacional. In: FLEURY, M. T. L.; FISCHER, R. M. *Cultura e poder nas organizações*. 2. ed. São Paulo: Atlas, 2012.

MACMILLAN, I. C.; MCGRATH, R. G. Discovering new points of differentiation. *Harvard Business Review*, p. 133-138, 1997.

MALHOTRA, N. K. *Pesquisa de marketing*: uma orientação aplicada. São Paulo: Bookman, 2011.

MARTIN, J. *Cultures in organizations*: three perspectives. New York: Oxford University Press, 1992.

MATTAR, F. N. *Metodologia, planejamento, execução e análise*. São Paulo: Elsevier--Campus, 2014.

MEGLINO, B. M.; RAVLIN, E. C. Individual values in organizations: concepts, controversies, and research. *Journal of Management*, v. 24, nº 3, p. 351-389, 1998.

MENDES, A. M.; TAMAYO, A. Valores e vivências de prazer-sofrimento nas organizações. *Anais do EnANPAD*, 1999.

MILES e SNOW (2003). V. epílogo de Neusa M. Bastos

MINAYO, M. C. *Os homens de ferro*: estudo sobre os trabalhadores da indústria extrativa de minério de ferro da Companhia Vale do Rio Doce, Minas Gerais. 1985. Dissertação (Mestrado em Antropologia Social) – UFRJ, Rio de Janeiro.

________. *Pesquisa social*: teoria, método e criatividade. Petrópolis: Vozes, 2007.

MINTZBERG *et al.* (2000). V. epílogo de Neusa Maria Bastos

MONTEIRO, C. D.; VENTURA, E. C.; CRUZ, P. N. Cultura organizacional: em busca da compreensão sobre o dilema das organizações. *Caderno de Pesquisa em Administração*, v. 1, nº 8, p. 69-80, 1999.

MOTTA, F. C. P. *Os pressupostos básicos de Schein e a fronteira entre a psicanálise e a cultura organizacional*. São Paulo: FGV-EAESP, 1996.

MUNSON, J. M.; McINTYRE, S. H. Developing practical procedures for the measurement of personal values in cross-cultural marketing. *Journal of Marketing Research*, v. 14, p. 48-52, 1979.

OLIVEIRA, A. F.; TAMAYO, A. Inventário de perfis de valores organizacionais. *Revista de Administração*, v. 39, nº 2, abr./maio/jun. 2004.

OHMAE, K. *O estrategista em ação*: a arte japonesa de negociar. São Paulo: Pioneira, 1985.

PEREIRA, Aldo. *Breve história da aviação comercial brasileira*. Rio de Janeiro: Europa, 1987.

PEREIRA, J. C. R. *Análise de dados qualitativos*. São Paulo: UNIFESP, 2001.

PEREZ, F. C. *Cultura organizacional de uma empresa de transporte aéreo*. São Paulo: Fundação Getúlio Vargas, 2012.

PETERS e WATERMAN (1982), *In search of excellence*. V. epílogo de Neusa M. Bastos

PETERS e WATERMAN, in Santos (2000). V. epílogo de Neusa M. Bastos

PETTIGREW, A. M. *The politics of organizations decision making*. London: Tavistock, 1979.

______. On studying organizational cultures. *Administrative Science Quarterly*, 1979.

PORTER, M. E. *Competitive strategy*: techniques for analyzing industries and competitors. New York: Free Press, 1980.

PRAHALAD, C. K.; HAMEL, G. A competência essencial da corporação. In: MONTGOMERY, M.; PORTER, C. (Ed.). *Estratégia*: a busca da vantagem competitiva. Rio de Janeiro: Campus, 1998, p. 293-316.

QUALTRICS. *Descriptive statistics*: categorical variables. USA: Provo, 2004.

QUINN, R. E; ROHRBAUGH, J. A spatial model of effectiveness criteria: towards a competing values approach to organizational analysis. *Management Science*, v. 29, nº 1, Mar. 1983.

RALPH, L. *Cultura e personalidade*. São Paulo: Mestre Jou, 1967.

RHENMAN (1973). V. epílogo de Neusa M. Bastos

ROBIN, Stephen, P. *Comportamento organizacional*. São Paulo: Prentice Hall, 2002.

SAMPIERI, R. H.; COLLADO, C. F.; LUCIO, P. B. *Metodología de la investigación*. México: McGraw-Hill Interamericana, 2006.

SCHEIN, E. H. *Cultura organizacional e liderança*. São Paulo: Atlas, 2009.

SCHEIN, E. H. *Guia de sobrevivência da cultura corporativa*. Rio de Janeiro: José Olympio, 2001.

________. *Organizational culture and leadership*. San Francisco: Jossey-Bass Publishers, 1992.

________. *Organizational culture and leadership*. San Francisco: Jossey-Bass, 1985.

________. Coming to a new awareness to organizational culture sloan. *Management Review*, v. 25, nº 2, 1984.

________. *The role of the founder in the creation of organizational culture*. Cambridge: MIT, 1984.

SCHWARTZ, S. H. Universals in the content and structure of values: theoretical advances and empiricals tests in 20 countries. In: ZANNA, M. (Ed.). *Advances in experimental social psychology*. Orlando: Academic, v. 25, p. 1-65, 1992.

SCOTT, C. D.; JAFFE, D. T.; TOBE, G. R. *Visão, valores e missão organizacional*: construindo a organização do futuro. Rio de Janeiro: Qualitymark, 1998.

SRIVASTAVA et al. Market-based assets and shareholder value: a framework for analysis. *Journal of Marketing*, v. 62, nº 1, p. 2-18, 1998.

TABOSA, Lenildo. *A história da aviação comercial brasileira*. Goiânia: Rios, 1989.

TAMAYO, A.; GONDIM, M. G. C. Escala de valores organizacionais. *Revista de Administração*, v. 31, nº 2, abr./jun. 1996.

________; MENDES, A. M.; PAZ, M. G. T. Inventário de valores organizacionais. *Estudos de Psicologia*, v. 5, nº 2, 2000.

TAVARES, M. C. *Planejamento estratégico*: a opção entre sucesso e fracasso empresarial. São Paulo: Harba, 1991.

TRIANDIS, H. C. *Individualism and collectivism*. Boulder: West View Press, 1995.

TUCHMAN, B. W. *A marcha da insensatez*: de Troia ao Vietnã. Rio de Janeiro: José Olympio, 1989.

TYLOR, E. B. In: CASTRO, C. (Org.). *Evolucionismo cultural*: textos de Morgan, Tylor e Frazer. Rio de Janeiro: Zahar, 2005.

VARADARAJAN, P. Rajan. Strategic marketing and marketing strategy: domain, definition, fundamental issues and foundational premises. *Academy of Marketing Science*, 20 Oct. 2009.

________. Strategy content and process perspectives revisited. *Journal of the Academy of Marketing Science*, v. 27, nº 1, p. 88-100, 1999.

VERGARA, S. C. *Projetos e relatórios de pesquisa em administração*. 11. ed. São Paulo: Atlas, 2009.

VERGARA, S. C. *Projetos e relatórios de pesquisa em administração*. 12. ed. São Paulo: Atlas, 2013.

WAGNER III, John A. *Comportamento organizacional*. São Paulo: Saraiva, 1999.

WEIDMER, B. Issues and guidelines for translation in cross-cultural research. In: Annual Conference of the American Association For Public Opinion Research 49., 2004. *Proceedings...*

WILLSON, E. The reliability and validity of normative and ipsative approaches in the measurement of personality. *Journal of Occupational Psychology*, v. 64, p. 219-238, 1991.

WOOD, R. (Org.). *Mudança organizacional*: aprofundando temas atuais em administração de empresas. São Paulo: Atlas, 1995.

GEOGRÁFICA — 2017/1